所谓管理好，就是会授权

中高层管理者人手必备的管理指南

吴强 ◎ 著

中国友谊出版公司

图书在版编目（CIP）数据

所谓管理好，就是会授权 / 吴强著 . —— 北京：中
国友谊出版公司，2019.4
ISBN 978-7-5057-4552-0

Ⅰ . ①所… Ⅱ . ①吴… Ⅲ . ①企业管理 – 人事管理
Ⅳ . ① F272.92

中国版本图书馆 CIP 数据核字（2018）第 266287 号

书名	所谓管理好，就是会授权
作者	吴强
出版	中国友谊出版公司
发行	中国友谊出版公司
经销	新华书店
印刷	天津中印联印务有限公司
规格	710×1000 毫米　16 开
	13 印张　184 千字
版次	2019 年 4 月第 1 版
印次	2019 年 4 月第 1 次印刷
书号	ISBN 978-7-5057-4552-0
定价	49.00 元
地址	北京市朝阳区西坝河南里 17 号楼
邮编	100028
电话	（010）64678009

前　言

通过别人完成工作的艺术

对于许多公司主管或老板来说，管理已经变成一件繁重的劳动。

公司规模的扩大、业务量的激增带给主管们不断加重的工作压力。主管们越来越繁忙：他不得不花去下班后的大量时间留在办公室处理堆积如山的文件，他没有时间思考"战略"与"创造性"问题，更没有时间陪妻子购物、伴小女儿游戏……

而管理学家们告诉我们，主管们工作中的一大部分其实是可以交由别人去完成的。通过精确的计算，上层主管授权范围应占工作的 60%~85%，中层主管应占 50%~75%，下层主管应占 35%~55%。

授权的概念最初来源于人力资源管理专家，他们认为传统的管理模式压制了员工们的创造性，授权的方式可以使主管和员工获得双重的解放。

我们在本书中努力想说明这样一个事实：对于抱有雄心和气魄的公司主管来说，授权已经成为一项必然的"战略选择"——它解放了主管，还员工以尊严和创造性，带给公司管理升华的契机。

本书的重点有两个，一是授权实施的流程，这一部分给出大量具有"操作意义"的授权管理技能，使之真正成为"即学即用式"的管理教程；二是"技术—艺术"的融合，这一部分浓缩了各种"管理情境"和"管理困境"，试图给授权管理者以深刻的启迪，因为授权是闪烁着科学与艺术双重色泽的管理奇葩。

对于授权，我们采用一种开放性的视角：现代人力资源管理的大量技能如工作分析、人员素质测评等，现代管理学的 MBO 计划、团队管理、学习型组织和企业再造等都在书中得到广泛论述。著名公司如松下、苹果等案例得到引证。

高明的主管不会让管理变成"劳动"，对他来说，管理不是一项"工作"，而是一种"创作"。

读罢此书，你将深深懂得——管理是"通过别人完成工作的艺术"。

目　录

第 1 章

审视：你需要授权吗？

在我从事管理工作的早期，曾经得到的一个教训是："不要想一人独掌大局，要仔细挑选人才，雇用人才，然后授权给他们去负责料理，让他们独立作业，并为自己的行动表现负责。"我发现，帮助我的部属成功，便是帮助整个公司成功，当然这也是我个人的最大成就。

——查理·波西

越来越忙的主管

　　走进任何一家公司，我们几乎都能见到这样的主管：他们喋喋不休地抱怨时间是怎样不够用，工作任务是多么繁重不堪，他们经常性地加班加点，每天晚上都将公事带回家去处理，他们没有时间享受每年的节假日，没有时间陪妻子散步，更没有时间与女儿玩游戏，因此他们总受到妻子和儿女的抱怨，尽管如此，工作任务却总是越来越多，让他们穷于应付，而且，这种趋势总是在加剧。

　　你与一些企业经理、厂长们谈天，他们总是告诉你工作如何辛苦，不仅8小时以内充塞得像一个满胀的气球，就是8小时之外也常被工作"无情"地占用了。对他们来说，一天24小时，除了吃饭、睡觉之外，其余时间基本上都花费在工作上了。为什么他们的工作显得格外忙呢？据说，企业管理工作中有"六愁"：一愁原材料，二愁能源紧，三愁资金缺，四愁销售难，五愁会议多，六愁事务杂。这"六愁"又细化出一箩筐的愁来，于是我们的经理们便像落进了泥潭中，被"愁"充斥着。管理对他们来说，只意味着一件事，即他们已成了工作的奴隶。

　　这就是许许多多主管的真实写照。而更加具有深刻意味的是，大部分的主管却并未意识到他自己的真实处境。如果你足够细心，不难发现，无奈的摇头和笑容背后，他们在显露一种"神圣伟大"的庄严感。他们觉得这一切尽管在折磨自己，却是值得的，这是唯一的工作方法，正是这样才突出了他们不可或缺的重要性。

然而，果真是这样吗？只要看一下主管们整日紧锁的眉头，就有答案了，答案就藏在这眉头的皱纹里。

反对授权，理由种种

一位在公司当主管的朋友向我大吐苦水，说他怎样地辛苦，怎样地日夜操劳，夜以继日，单位大小事项都得他来管，弄得他左支右绌，穷于应付，整天忙得团团转。

我听了不禁讶然："你单位里的大小事情都要你管吗？"

他一脸无奈："是啊，大事自然跑不了，小事也老缠身。作为公司主管，哪件事出娄子也会影响上司的看法，都得我把关。你看，一次卫生检查，一次会议布置，我也得亲自过问，否则，他们又会给你弄得一塌糊涂。我呀，每天就被这些'任务'缠身，真的是难得空闲啊。但又有什么办法呢？"

我不由得问："像卫生检查、会议布置这档子小事你干吗不让其他人去做呢？你做主管，这点小事完全可以放手呀。"

"不行，不行，没有合适的人手，再说，我也不放心，万一搞砸了……"

"其实有什么不放心的呢？他们第一次做不好，第二次总会做好的，这样你就解放出来了。"我说，"应该相信你的下属。"

我的主管朋友却仍是一个劲地摇头。

我的这位朋友的心情，大概有许多主管们是很能理解的，当我问那些不停抱怨工作忙的主管，为什么不把工作分派给下属完成时，他们总能给出种种理由，是的，他们总有理由，他们也相信这些理由。

领导就要"事必躬亲"

中国历史上对于"领导"行为的界定可谓丰富至极。《三国志》记载"蜀国正事无巨细,亮皆独专之"。诸葛孔明尽管运筹帷幄,决胜千里,仍"事必躬亲,鞠躬尽瘁",一生劳顿。

正是这种传统小生产体制时代的观念代代相传,今天我们的主管仍把"领导的职责"定位于此,而时代距诸葛亮早已过去 1700 个春秋轮回。

"这件工作只有我才能做到"

主管们相信,对于这件工作,自己是唯一的胜任者,即使让下属完成也是一百个不放心。

然而,真实的情况往往是主管并没有真正把他手头的工作重新考虑,按难易程度列队,以确认有些工作是只有他自己能做到的,而其他大部分工作却并非如此。如果说,下属的确给你"不能胜任这项工作"的印象,很可能仅仅因为你没有给下属机会让他们去做。

"下属不会明白我想要什么"

主管们不相信下属会完全领悟自己想要的东西,即使把工作交给他们,结果自己也不会满意,到头来还要自己亲自来做。

"教下属如何做的时间里,自己做早就做好了"

主管们有时懒得费口舌向下属解释工作如何做,他们不知道,如果你把工作标准化,你的解释并不麻烦,而且如果你不让下属做这一次,下一次他们又怎么可能做到你满意呢?

"下属中没有适合的人手"

主管们常抱怨下属中没有"千里马",没有"将才",却没有想过作为主管,对下属负有的责任该是什么。

拒绝授权的主管们还会给出许许多多各式各样的理由,来证明他们的"不授权"是正确的,是唯一可能的选项。而同时,结果也往往是这样:他们总是匆匆忙忙，总是身陷事务性的工作，总是抱怨而又总是出漏洞；他们的下属总是缺乏动力，缺乏责任心，总是懒洋洋；他们的公司总不能以他们的期望运转，效率总是可望不可即……

走向授权

35 岁的王经理负责一家电脑销售公司地区分公司的工作，开始的半年里，他每天都在"日理万机"和"百忙之中"，渐渐感到力所不及，而公司的职员们并没有如他希望的那样，以他为榜样，勤勉、主动地工作，反而更显低迷。

这种情形引起了王经理的警觉，他感到一定是他的管理出了什么问题，才造成这样的状况，而这种情形如果不及时得到纠正，后果将是难以设想的。

在经过一番思考甚至斗争之后，他开始试着把要做的所有工作按重要性、难易排序，把各项工作分派给适合的下属去完成，自己只负责三件事：一是布置工作，告诉下属该如何去做；二是协助下属，当下属遇到自己权力之外的困难时，出面帮助下属解决困难，否则要求下属自己想办法解决；三是工作的验收，并视下属完成工作的状况给予激励或提醒。

在这样做之后，王经理惊奇地发现——自己获得了"解放"的感觉。员工开始表现出极强的主动工作的劲头，公司业绩明显攀升，而自己更是从大量事务性工作中解脱出来，开始思考公司的发展战略，他描述自己就像一个自动化工厂的工程师，每天只是在优雅的环境里走动，视察自行高效运转的流水线可能出现的问题。

更重要的是，王经理现在每天都能抽出 45 分钟与小女儿一块儿看卡通童话，每周能抽出一个傍晚陪妻子逛商场。

"人更重要的是享受亲情和生活。"事业一帆风顺的王经理这样说。

而这正是许许多多的主管应该和将要做的事情。

认识授权：授权的初步印象

王经理所做的正是被称之为"授权"的管理艺术。

一个具有出众的领悟力的主管、经理，自然能从他的部门、公司，他的缠身工作中悟出授权的重要。如果我们有心倾听管理学家们的理念的话，我们会很容易地知道，我们并不是授权艺术的首创者，甚至不是它的"首倡者"，管理专家们早在数十年前便在预言授权式管理将成为时代的潮流，在宣讲授权如何代表着个人管理事业生涯的伟大变革……但奇怪的是，甚至连倾听到这些"圣言"的主管们，也并未真正去接纳它，甚至在或明或暗地排斥着它。

授权，最简约的表达是"让别人去做原来属于自己的事情"。授权艺术的全部内涵和奥妙在于：

- 做什么？

- 让谁做？

- 怎么做到最好？

授权的严格定义和管理学内涵将随着"授权专列"徐徐开进而一一呈现于我们面前。此时，要告诉大家的是这样一个事实：授权不是凭我们的幻觉而产生的；对于授权的采纳与否不会是一个"喜欢与不喜欢"的简单而任意的抉择；授权的趋势是由一系列的管理环境变革而导致的。在某种意义上，授权的必要性意味着：如果你谋求出色的管理，授权是你必然地或早或迟都要面对的一个问题。

早在 20 世纪初，法国著名的管理学家、古典管理理论的创始人亨利·法约尔就曾指出，管理所处的时代背景已经发生了很大的变化，没有一个领导者有足够的知识、精力、时间来解决一个大企业、大公司中面临的所有问题，授权式的管理成为必需。

著名管理学家彼得·德鲁克在《有效的管理者》一书中，以大量的篇幅论述了"抓大事，不问琐事"的管理方法。"大事"是指"基本性的决策""正确的战略"，即赫伯特·西蒙的"非程序化"的决策，这是领导者的事情；"小事"则是指"令人眼花缭乱的战术""琐事、细节"，这是领导者要授权给下属完成的事情。

"领导者要干自己的事，不干别人能干的事"，这是现代领导方法的基本法则。

究竟亨利·法约尔所指的管理背景有哪些变化使得授权成为必然呢？主要地表现于三个层次：

- 组织的变化；
- 管理角色的变迁；
- 员工与团队的转变。

授权实施环境的变化之一：组织的变化

组织是授权实施的环境，而组织的蜕变正促成了授权的实行和采用。

如果我们去考察微软公司、苹果电脑公司、联邦快递 (Federal Express)、沃尔玛百货公司 (Wal Mart) 以及查帕拉钢铁公司（Chaparral Steel）这些现代公司的代表，我们发现，这些大规模组织的真正特色在于其不分阶级的经营方式。最早的组织学家马克斯·韦伯曾给出所谓"理想组织模式"，而现代组织已实现了对韦伯的背离与超越。

韦伯描绘的"理想组织模式"的主要内涵可表示成：

指标	指标解释
劳动分工	工作应当转化成简单的、例行的和明确定义的任务
职权等级	职位应当按等级来组织。每个下级应严格接受上级控制监督
正式选拔	所有组织成员经培训、以正式考试来遴选
正式的规则与制度	全体职员行动一致，倚重正式组织规则来管理
非人格化	规则和控制的实施一致，避免掺杂管理者个性与雇员偏好
职业定向	管理者是职业化经理，追求职业生涯的成就

现代的组织管理理论从韦伯模式中吸取了宝贵的养分，而现代的管理者实际面临的组织却已迥异于韦伯时代，主要的体现有：

"科层制"的终结

传统组织是严格等级体系建构的，表现出一种金字塔式，而现代组织呈现出一种没有明显等级的、网络式、沟通丰富的圆形结构。

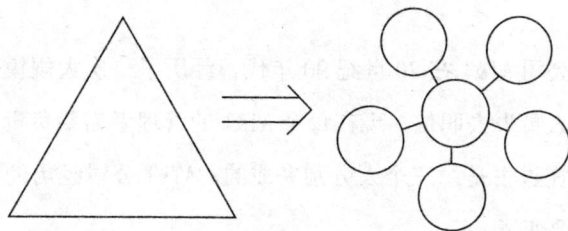

金字塔形组织体系下，决策只来自于顶端，每个职员职责明确而限定严格，等级森严，反馈与沟通只有由下而上和由上而下一条通道，组织运转刻板，只有高层管理者对组织前景负有重任，下属只按明确简单的指示完成分内工作。

圆形组织体系之中，只有一个勾连的中心，没有层级和顶点。圆形组织中所有人共同合作，完成需要完成的事情；责任、权力、监督、能力由成员分担、分享；管理者定位于团队的激励者和连接者、沟通枢纽与授权者；员工被期望能够自我管理，同时对于团队、组织的使命有深刻认识并尽力负责。在组织面临挑战时，圆形组织能迅速应变。

组织处于变革的环境

管理者现在面对的是正在以前所未有的速度发生变革的环境。对于组织来说，这种环境是一种动态的、变革的环境，新的竞争者每时每刻都在涌现，大兼并、大重组浪潮推动市场瞬息万变。技术，主要是计算机和电子通信新技术持续创新及市场全球化，使得组织内部经营越来越受全球金融市场的冲击，传统组织可能面临的是不堪收拾的混乱，基于稳定和透明性预期的组织价值观受到严峻的挑战。

迎接变革环境的组织必须是新型的组织，它至少是灵活的、能够快速反应的、以新的权力领导模式组织的。这种组织中，每位员工在一定区域、职责权限内享有自由度和主动精神，形成一种动态的组织结构，与动态的外环境对应。

组织扁平化

美国著名公司AT&T在20世纪90年代曾经历了一次大规模的裁员，致使大量中层管理人员失去职位，现在每个AT&T的管理者需要负责三个领域的管理责任，而这在过去是由三个人分别完成的。AT&T公司经历的正是组织成长史上的一次重要变革。

在多年之前，一名管理者的管理跨度几乎不会超过10人；而今天，同样一名管理者可能要监督35名员工的工作。管理跨度的加宽，管理层级的减少，使组织向扁平化方向发展。在此背景之下，公司主管不可能包揽本部门所有决策，正如AT&T公司的一名业务经理所说的，"你不可能懂得每一种数据系统和每一项决策"。主管必须把任务授权给下属去完成，这几乎是现代组织的主管唯一的选择。

授权实施环境的变化之二：管理角色的变迁

韩国最大的财团三星集团前总裁李健熙在1994年10月，大幅度地调整三星集团的管理策略。1994年之前，三星集团的总裁秘书室是全公司的核心，按照总裁的意见，对集团大小、上下事宜一手操办。李健熙敏锐地意识到这种体制背后深藏的危机，毅然于1994年大大压缩了三星总裁办的规模，分设了电子、机械、化学及金融保险四个集团，分别设立集团长，将权力下放给由集团长和总裁秘书室主任等7人组成的集团经营委员会，负责最高层的决策。

这样，作为总裁的李健熙通过组织变革，把自己从繁冗的事务性工作中解脱出来。同时，由于集团经营委员会的成员是与总裁有着密切接触和彼此了解的部属，是李健熙多年来以授权培养的高级主管，对于总裁的想法知之甚详，即使总裁不在，他们也能做出与总裁意见相差无几的决定。所以，授权之后的总裁，权力非但并未衰退，反而得到进一步的加强，也为三星集团带来新的动力。

李健熙的改革给出的重要启示是，领导者或管理者的职责到底是什么？

这正是管理者的基本角色定位的问题，这是管理学的核心和基石，一再地被人们提出来。

管理角色的变迁中最惹人注目的大概是这样一个定义："管理是通过他人完成工作的一种程序或艺术。"这并不是一个新鲜的命题，然而，直到今天才得到它应有的重视和认同。应该说，管理不再是"做事"的方法，而是"让人做事"的艺术。

管理已经被带入一个全新的时代，许多人把这种初露端倪而又代表人类未来的管理模式称为"柔性管理"，它在三个方面突出地表现其特征：

非理性化的管理趋向

传统的、规范的、科层制的管理模式逐渐退后，取而代之的是一种灵活的、变化的管理风格。追求员工与公司的和谐，发挥每一位员工的主动创造性，而不以层级界定限制员工的行为。

决策制定和组织对市场、顾客的反应是敏锐的，由员工主动体现的。员工非理性化的因素在管理中得到充分的关注、尊重与开发。

人才为本的管理理念

多年前，管理界流行一种"说法"："可口可乐如果被大火烧掉，凭它的品牌，可以在一夜之间再做起来。"

这种宣扬曾一度使人们失去了判断力，因一种外在于人的力量——品牌，而震撼和困惑。

而这无疑已成为历史，成为人们对管理、对人才的认识旅途中的一个路标。真正深刻的是卡耐基的话："我的企业被烧掉了，把我的人留下，20 年后我还是钢铁大王。"

又据说，在美国高科技的"圣地"硅谷，每年都会有大约一半的企业破产，当硅谷某家公司破产清盘时，经常可听到头上突然一阵隆隆作响，抬头望去，一架直升机正盘旋头顶，突然会降下一条大大的条幅：某某公司诚邀阁下加盟。

现代管理角色的重要内涵便是培养本公司的人才队伍，为此须建立起有效的人才培养系统，管理模式由以工作为中心向以人为中心转移。

企业精神的战略化

成功的企业总伴随着成功而富有生命力的企业精神，松下、摩托罗拉……皆不例外。这并不是偶然的。它的深刻原因源于对人的认识，对人的精神需求和精神力量的认识。组织不是作为没有生命的机器在运转，组织是由鲜活的生命构成的。用灰色刻板的条文去约束鲜活的生命，是对生命的不尊与忽视。

企业精神数倍、数百倍地扩大了员工的生存空间，这种空间是物质的，更是精神的。这种空间赋予员工的是自由，是尊重，是权力；而赋予组织和管理者的是绩效，是成功，是远大的前景。

授权实施环境的变化之三：员工与团队的转变

一场方兴未艾的管理革命为日本提供了让世界刮目相看的机会。这场革命被称为 TQM，即全面质量管理，它使得日本的产品集最高质量和最低成本于一身，几乎挤垮了美国货。这场革命恰恰是由一位名叫 W. 爱德华兹·戴明的美国质量专家为首的一个小组掀起的，由日本人发扬光大。

日本在 TQM 革命中的一个核心的策略便是广泛地向雇员授权，吸收生产线上的工人加入改进过程，广泛采用团队形式作为授权的载体，充分依靠团队发现和解决问题。

这种转变提供了一个机会，让人们认识到员工的某种转变。而许多年纪稍长的管理者、中层主管更深刻地体会到下属的变化，他们与10年前甚至5年前做下属的先辈们有了太多的不同：

· 员工们更富有个性，统一的制服也掩盖不了他们力求迥异于人的强烈愿望；

· 员工们追求更广泛的价值，不再为升迁而任劳任怨，他们甚至会顶撞上司；

· 员工们渴望被尊重，如果他们感到不受重视，他们会毅然离去，高薪也无法挽留他们；

· 员工们讨厌庞大的组织，更喜欢为一个组织内的小团队工作，为共同目标而奋斗；

· 员工们更追求合作，良好的气氛与宽松的环境能让他们自觉地全身心投入工作；

· 员工们更重视自我设计与自我管理，他们对自己认为值得做的工作更富有责任心，对于自己认定的目标更加执着；

· 员工们更富有创造力和创新意识，只要给他们机会，他们会经常创造出让你吃惊的好成绩。

……

这些变化使刻板的"老主管"感到别扭和不适应，他总是不能与下属一致，他并不能理解员工到底想要什么，更不明白，为什么自己总不能说服员工按自己的意志去行动，他相信下属是一匹善跑的马，只是总不跑在他希望的方向上——我们这位主管的管理生涯面临巨大的挑战，一种类似代沟的东西横在他与下属之间。

聪明的主管却发现了其中的奥秘，他把"一群骏马"分成几个小组，给他们自我管理的权力，告诉他们应该到哪个目的地取回什么，然后拍拍他们的肩头说："你们是好样的，我等你们的好消息。"于是，事情变得简单了，局面却大为改观，聪明的主管拥有的，正是一种被称为"授权"的管理意识。

授权并非易事：阻碍授权的心理误区

组织的变化、管理角色的变迁、员工与团队的转变昭示着，授权作为一股浪潮的来临，而实际上，许多的主管比任何教科书的作者都能体会到授权之必要，但真正领悟授权之真谛，并躬身试之的主管，却并不很多。

许多忙碌不堪的主管终于试着把琐碎的文书处理工作交代给助理去完成，但一旦涉及重要的、颇能体现自己权力地位的工作任务，他们则紧紧握住不放手，纵使真把权力交给下属，也会添加许多限制，而且，时时不放心地追问下属事情的进展乃至细节，使下属感到背后老有一双阴郁而锐利的眼睛在盯着自己。

这样的授权已经失去了真正的意义，而这恰恰是许多主管的真实写照。

授权的理由也许简明，但真正的授权却远非易事。这个中缘由，除了我们在上文列出的主管反对授权的种种借口之外，还存在三个心理的误区：

权力主义者

这类主管热爱权力胜过热爱工作，管理对他来说只是意味着权力的行使，他从权力的掌握中获得乐趣，就像守财奴聚敛财富仅仅是因为财富让他高兴一样。或许，没有权力欲的主管并不是一个好的主管，但过度的权力主义倾向，无疑会遮蔽他的双眼，看不到公司或部门的运转效率，他大权在握，公司却人心低沉、业绩平平甚至每况愈下，权力主义者会感到权力的孤独和权力根基的动摇。

担心丧失对下属的控制

当你授权给下属时，当然是指真正的授权时，你无疑为一匹骏马提供了宽阔的奔跑空间，他们中总会有人表现突出，他们中也总会有人惊讶于自己原来有这样的能耐。一个很难完全避免的现象是，他们赢得良好口碑，甚至"功高震主"，也可能会变得性情张扬，不再唯你是遵，你也许会感到自己丧失了对下属的控制。正是对这种结果的预见，阻碍了你迈向全面授权的脚步。应该说这种顾虑不是没有道理的，但如果你的下属果真是千里马，最聪明的办法当然是让他奔跑，因为你不可能阻挡一匹千里马，你要做的，不是到跑道上与下属赛跑，而是提醒自己：我是千里马的教练，我要让千里马按我的战略意图去奔跑，这才是你的责任。

工作主义倾向

也有这样一类主管，他迷恋于自己主管区域内的具体工作，他以工作为乐，他几乎从未想过要把这些工作交给别人去做。这种主管的确是存在的，10年前他可能作为公司第一批员工在公司做技术员，他刻苦钻研工作要领；5年前，他成为公司重要的工程师之一，他精通于公司技术核心的每一细节，而且身怀绝技，得心应手；公司的扩张把他推上主管的位置，他手下有10个或20个年轻的技术员，但他仍习惯于亲手去设计、编程，每当他沉浸于这些工作时，他并未意识到自己已经从一个小技术员变成了部门主管。

美国有一本叫 The E-MYTH 的书，中文叫《企业家迷信》，其中称这种人是"技术专家心态"，区别于经理心态，更不同于企业家心态，正是这种心态造成了许多小企业在规模扩大后由混乱到失败的命运。

评估：你需要授权吗？

管理是一门艺术，而且又是一门富有个性的艺术。尽管所有的趋势都显示，授权已成为管理新模式的发展方向，这或许并不能成为你本人的公司、部门应该授权的充分理由。

作为一个特定的主管，你是否需要采取授权的方式重新组织自己的工作任务，这并不需要精确的测量，只需要你花上半个小时回顾一下自己的管理生涯，然后试着回答下面的问题：

- 你是否经常感到工作繁重不堪，常常感到难以应付？
- 你是否经常加班，甚至误了午餐时间，或把公事带回家？
- 你是否因工作关系而无法享用每年的假期？
- 你是否经常花很多时间用于处理许多标准明确的常规性工作？
- 你是否几乎没有时间考虑本部门、本公司的发展战略？

如果你对以上任何一个问题或几个问题的答复是肯定的话，那很可能就是一种信号，表明你并未充分发挥授权的功能。

当你面临一个特殊的任务时，如果需要决定是由自己去做还是分派给下属去完成，自己只进行指导，试着判断下面的命题：

- 下属中有人能比你更出色地做好这件事情；
- 下属完成这件工作对你来说有确实的帮助和益处；
- 下属中有人能以与你接近的质量和时间完成这项工作，结果可能没有自己做得理想，但基本上在可接受的区域之内；
- 下属中有人能以比你低的薪水完成这项工作；
- 如果你在明天之前不能做这件事，而下属中有人能在今天就完成同一项工作；
- 如果预计这类任务会在今后大量出现，你可以让下属尝试去做，今后成为你得力的助手；
- 让下属去完成这件任务，下属本人可以得到发展的机会，而且是他们所渴望的。

如果面临特殊任务时，你的上述判断都是肯定的，那么最好的建议便是你应考虑把这项任务交给下属去完成。

正如我们反复强调的一个观点，授权的问题在一定程度上并不是"能不能"的问题，而是"愿不愿"的问题。作为主管，你应具有一种自省的精神，

不妨回答这些问题看一下你的授权态度:

· 我不愿授权,是因为我怕失去控制;

· 我没有授权,是因为我认为这样太浪费时间;

· 我只相信自己是完成这件工作唯一的合适人选;

· 我觉得很难找出我的工作中哪些工作应该授权给下属去做;

· 我不太相信别人能把工作做得妥当和理想;

· 我怕下属会捅娄子,到头来还得我来承担责任。

如果你对这些问题的一个或部分表示同意的话,我们的建议是,你需要重新审视你对授权的态度了。

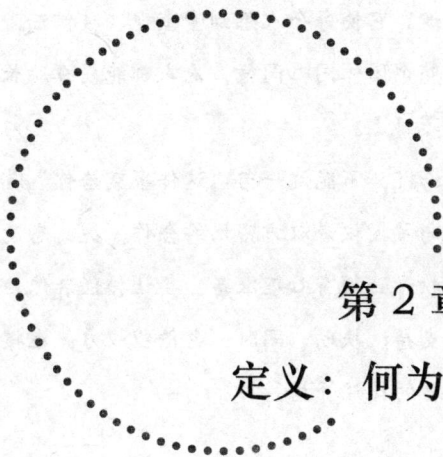

第 2 章

定义：何为授权？

授权，事业的成功之途。它使每个人感到受重视、被信任，进而使他们有责任心、有参与感，这样整个团体同心同德，人人都能发挥所长，组织也才有新鲜的活力，事业方能蒸蒸日上。

但是，授权并非一蹴而就，不能说一句"这件事交给你"就以为完成了授权。授权一事需要授权者与被授权者双方密切的合作，彼此态度诚恳，相互沟通了解。在授权之时，授权者必须有心理准备，要让接任者依他自己的方式去处理事情，并且随时给予支持、扶助。同时，也保留权力，在接任者出现不可原谅的错误时，随时取消他的接任资格。

——里欧纳德·查雪尔

授权是什么

决定实施授权的主管们，这时也许应该平心静气地坐下来探求"到底什么是授权"和"如何授权"这样极具操作意义的问题了。

授权，具有严格的管理学的内涵，西方管理学者称之为Delegation of Authority，是指上级委派给下属一定的权力，使下属在一定的监督之下，有相当的自主权和行动权。授权者对于被授权者有指挥和监督之权，被授权者对授权者负有报告及完成任务的责任。

授权实质上是将权力分派给其他人以完成特定活动的过程，它允许下属做出决策，也就是说，将决策的权力从组织中的一个层级移交至另一个层级，即由组织中较高的层级向较低的层级转移或转交。

追溯授权的管理学历史，我们知道，"科学管理之父"弗雷德里克·泰勒主张在管理者和工人之间明确分工和划分职责，他要管理者从事计划工作和思考工

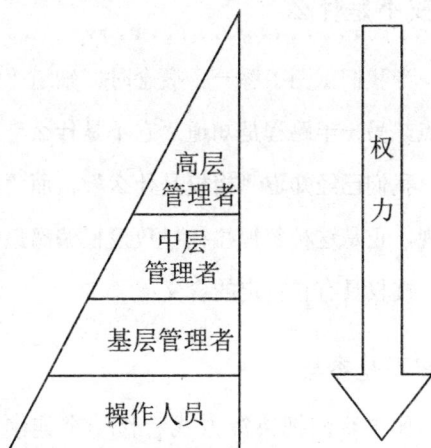

高层管理者
中层管理者
基层管理者
操作人员

权力

作，要工人只是按管理者的指令去完成具体的任务。这种方法曾在 20 世纪初叶极大地促进了生产效率的提高，并记入了管理学的历史，但是在今天，却早已成为明日黄花。教育、培训的极大提高，工作复杂性的几何增加，使今天的员工通常比他们的管理者更清楚如何把工作做得更好。管理者认识到，他们可以通过重新设计工作和让员工决定那些与他们工作有关的事情，使质量、效率和员工的责任感得到改进。这种变化已经十分接近今天的授权。

现代管理学意义上的授权思想最初来源于人力资源理论家。他们指出，许多组织压抑住了它的员工们的才能与创造力，把员工当作不会思考的机器，授权式的管理革新则对组织效率和员工的发展带来了多重的收获。

管理思想在超越了泰勒的科学管理时代之后，大量引入了行为科学的观点和视角，50 年代的管理进入了全面的人本管理的时代。在授权与人本管理之间有着千丝万缕的关系，世界上大多数现代化水平较高的公司组织，已经十分广泛地运用了授权的管理手段，例如，苹果电脑公司 (Apple)、美国电话电报公司 (AT&T)、达美航空公司 (Delta Airlines)、联邦快递公司 (Federal Express) 和沃尔玛公司 (Walmart) 等等。

授权带给现代组织的是一种全方位的转变，已成为一股不可阻挡的潮流。

授权不是什么

当我们试图了解一个概念时，知道"它是什么"只意味着我们的旅程刚到中点，另一半路程是知道"它不是什么"。

我们已经知道"授权是什么"，而"授权不是什么"的问题常常被主管们忽视，正是这种忽视往往导致授权偏离最恰当的轨道。

授权具有它特定的含义：

授权不是参与

如果我们把决策方式看作一个连续态，可以确定组织在这一维度上的位置：

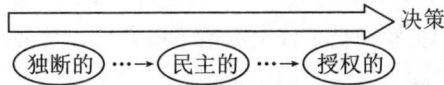

参与，只是表示员工对决策形成产生影响，他们以特定方式和标准的程序同主管一起制定决策，此时组织的权力状态是"共享式权力"；如果严格地考查，这种权力共享往往只是表面的，决策形成不可能是由员工和主管对等投票的结果。实际上，决策总是主管意志的表达，所谓的参与对决策的影响是一种"软约束"。

授权，则是决策权的下移，主管同下属拟定目标之后，任由下属选择到达的途径，即制定决策，虽然这种决策权是严格限定的，但在限定的范围内，一个合格的授权者给予下属充分的决策权，而绝不实施干涉。

授权不是弃权

事实上，许多失败的"授权者"所做的，并不是"授权"，而是"弃权"。他们把任务推给下属，却并未清楚阐明下属应该做的具体工作，没有对下属自主决策的范围做出明确的界定，没有限定任务完成的时限要求，更没有事先确定绩效评估的标准，结果只有一个，他们很快会面临一系列的麻烦。

授权意味着一种管理方式和工作方式的转变，并不是把不重要的事放弃不管。授权之后的主管仍然享有职权，或者说仍对授出的职权负有责任。这种权力体现在他要通过接受、听取工作报告的方式来取代事必躬亲的工作方式，这是授权带给主管们的实质性变化。

明白这一点，对于主管来说，意义是非凡的。它首先意味着，作为主管，自身面临一种转变，他的职责不再是"把事情做好"，而是"让人把事情做好，自己实施有效的控制"，控制的管理技能在主管的能力结构中地位凸现。

授权不是授责

许多尝试授权的主管在把工作交派给下属之后，常常在办公室里偷偷地舒一口气：终于把肩上的一副重担卸下来了！

事实却恰恰相反，授权之后的主管肩上的担子不是减轻，而是加重了。因为授权无疑能带来工作实质内容的扩展，而作为主管，你对所有的工作——授权的和未授权的——都负有同样的责任。

授权只是把一部分权力分散给下属，而不是把与"权"同时存在的"责"分散下去。换言之，当一级主管把某几种决策权授给二级部属时，虽然二级部属因而获得该决策权，但一级主管仍然负有相同的责任。

例如，一个防疫站长，当他所管理的科室不能按期完成任务时，即使科长觉得自己应负完全责任，但该站长还是避免不了要最后负责。

杰出的管理专家史罗马曾说过："责任是某人肩负的某种东西，无人能授予它。一个负责任的人将永远负起责任，而一个不负责任的人永远都必定是不负责任的。"

作为主管，你应该记住这一点：错误是授权的一部分。下属犯错误几乎是肯定的，尤其是你的授权刚刚启动，下属们初次独立决策完成任务时，失败和错误在所难免。你应该预料到并接受下属所犯的一些错误，意识到你对这些错误的后果义不容辞的责任。

其实，下属错误对于组织来说并不能完全记入"损耗"，有时会是"代价"，能用它换来其他更加宝贵的东西，如能力提高、经验、经典案例等。代价并不太大地犯错误，对于下属来说常常是很好的锻炼机会；对于高明的主管，他也能意识到，提升管理水平，树立威信的契机来到了！

一个信心十足，决定授权的主管应该大声对下属说："别怕什么失败，充分行使你们的职权吧！全部责任由我来负！"

授权不是代理职务

代理职务是在某一特殊时期，依法或受命代替某人执行其任务，在这个代理期间，代理者相当于被代理者的职位，是平级关系，而不是授权关系。

而许多主管并不能完全区分代理与授权的差异，在把一件任务交给下属去完成时，他们总是说："小王，这件工作由你负责，我就不管了。"

代理的发生，常常是主管经理因为外出或被其他重要事务缠身，本部门本公司群龙无首时，由主管任命或按程序规定选择适当的人在主管不能管理部门时代行职责，负全部职权与责任。

代理指向的常常是日常性管理工作，而授权则要针对具体的工作任务。

代理人的选择客观上比受权者选择更受局限，前者要求更多的是对主管意图的理解和在部门内的权威魅力。

代理关系常常伴随主管归来或恢复行使职权而告终结，而授权关系则稳定地存在于任务完成的整个区间。

代理与授权的深层关系在于，高明的领导者会通过这两种手段物色他的高级助手或接班人，在这种情况下，代理和授权之间的界限会变得十分模糊不清。

授权不是助理或秘书职务

有一位主管宣称在他的部门内是充分授权的，因为他整整有五六位专职秘书和一个助理、幕僚班子，他的每一项工作都能得到他们的帮助。

如果把"小王，请把这份文件复印三份"之类的管理工作称为"授权"的话，授权真的无处不在。

然而，授权是不同于助理、秘书甚至幕僚工作的一种高难度管理手段。助理或秘书只是帮助主管工作，而不承担责任，授权的主管依然应负担全责；在授权中，被授权者应当承担相应的责任。

助理和秘书完成事务性工作，或在决策性工作中提供基础性的材料，即使他们由于出色的领悟力和深刻见地，使他们的个人意见成为主管的决策，此时，决策的"版权"也完全是主管的，助理或秘书的角色总是隐在幕后的；而授权则是把下属推向前台，让他获得充分展示自己的舞台，在被允许的决策范围内，授权下属独立决策，此时，决策的"版权"页上写着受权下属的名字，而他们也必须为他们的决策负起责任。

授权不是分工

现代组织无疑是社会大分工的产物，这是组织产生和生存的大背景，而现实中，分工的精神已成为人类社会的一种基本的行为方式。

当有人告诉你说波音737飞机的制造涉及几十个国家上百个厂商的参与时，分工的工作方式得到了一个典型的呈现。

组织内部分工同样是大量存在的，在管理的初期，甚至于在中国六七十年代的农村，生产队长也已经把"分派工作"当作了自己工作的一个重要内容。直到今天，许多主管仍然把分工和受到提倡的授权相提并论，相互混淆。

分工是在一个集体、组织、团体内，由各个成员各负其责，彼此间无隶属关系。对于主管来说，恰当地为下属进行分工，是将工作任务合理切割的过程；而授权则是授权者和受权者有上、下之间的监督和报告关系。

分工和授权的区别还体现在工作任务的中心不同，在分工中，主管处于任务中心，主管的工作重心是协调下属的工作，以保证任务被恰当地完成；而在授权中，任务中心向垂直的下层移动，受权者在任务完成中担当重心的角色，而主管作为独立于任务的上级，听取有关工作的报告，解决超出下属能力权限的各种困难。

分权：授权的扩展与制度化

大量的管理学著作都曾详尽地论述了分权与集权的问题，那么，授权与这个问题的讨论之间是什么样的关系呢？

分权是授权的延伸和扩展,授权是分权的一种重要形式。按照经典的管理学理论,分权主要有两种形式,一种是制度性分权,另一种便是工作授权。而事实上,前者的实质与后者相同,都是将权力或职权按照组织的规定较长时期地留在中、下级主管人员手中,最终形成制度或组织的形式。

分权是在与集权的对照中提出的概念,集权意味着职权集中到较高的管理层次;分权则表示职权分散到整个组织中。集权与分权是相对的概念,不存在绝对的集权和分权。绝对的集权,意味着没有下层管理者,就如同在一个医院里,没有内科、外科等科室主管人员,仅有院长一样,其正常运转是不可想象的。而职权的绝对分散意味着没有上层的主管人员,形同一个医院没有院长,其正常运转更是难以想象。

集权和分权是一个连续态的两极,中间有无数兼有集权和分权特征的状态点,根据这些点靠近的一极的性质,可大体分成两类,即集权制(System of Centralization)与分权制(System of Decentralization)。集权制和分权制具有不同的特征,集权制的特征:

• 经营决策权多数集中于上层主管,中下层只有日常的业务决策权限;

• 对下级的控制较多,如下级的决策前后都要经过上级的审核;

• 统一经营,统一核算。

分权制的特征:

• 中下层有较多的决策权;

• 上级的控制较少,常以完成规定的目标为限;

• 在统一规划下可独立经营,独立核算。

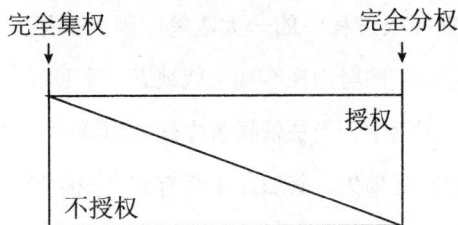

在"集权—分权"模式中，授权的比重越大，分权的程度也相应地越高。这对于组织而言，带来的影响是：

• 组织层次管理的决策数会更多。

• 组织低层次管理的决策更加重要。例如，在没有请示任何上级的情况下，工厂管理人员批准的资本支出数额越大，分权程度就越大。

• 被组织的低层次管理做出的决策影响的职能更多。例如，凡是允许分厂唯有制造方面有决策权的公司，其分权程度就小于那些也允许分厂做出财务以及人事方面决策的公司。

• 管理人员必须与其他人一起审核的决策更少。在完全不必审核时，分权程度就较大。在决策之后必须上报上级时，分权程度就较低。如在决策之前必须请示上级，则分权程度就更低了。被请示的人越少、管理层次越低，则分权程度较大。

授权的要素

授权行为一般由三种基本要素构成：

• 工作指派

• 权力授予

• 责任创造

在授权过程中，工作指派向来最受主管、经理们的强调。不过，许多管理者和主管、经理们在进行工作指派时常常存在两方面的错误：其一，他们往往只让下属获悉工作性质和工作范围，而未能让下属明确他所要求的工作绩效，这一点实在是主管在授权过程中的一大败笔，因为如果下属对主管所期待的工作绩效不甚了解，他们的努力在客观上就缺乏一个目标。这同时给主管的授权后管理带来困难，因为主管无法依据事先确立的绩效标准对下属实施考核，奖优罚劣，这是一笔管理损失。其二，主管有时会把必须由自己分内完成的工作也指派给下属，他们未曾意识到，并非主管的所有工作均能授权于下属来完成，这些不能授权的工作是可以以一定标准由主管做出判断的，这一点在本书后面部分有专门论述。这里给出的例子是，目标的确立、政策的研究与拟定、员工的考核与奖罚等等，这是主管工作的"命脉"，不可谋求假手他人。

在指派工作的同时，管理者应对下属授予履行工作所需要的权力。这就是"授权"两个字的由来。"权力授予"与"工作指派"之间应是怎样的关系，权力授予的合理区域应该是多少，这是实施授权的主管最为关心的问题。主管所授予的权力应以刚好能够完成指派的工作为限度，这体现了权力授予的原则，即以完成工作为最终目的。客观上，工作任务的执行所需要的权力——用来调动完成工作所需的人、财、物、信息等组织资源——构成了权力授予的合理限度。

在权力授予中最主要的问题，也是授权管理的难点之一即是权力授予的适度问题。如果授予的权力不足以支持工作任务完成的权力需要，则指派的工作难以完成，授权因而丧失其意义；然而，如果授予权力过度，超过了执行工作任务实际的需要，则势必导致下属滥用权力，授权带来的负面作用太大，同样会导向授权失败。

授权的另外一个要素即为责任创造，其含义在于，主管在进行工作指派和权力授予之后，仍然对下属所履行的工作绩效负有全部责任。这即是管理上所谓的"授权不授责"原理。这意味着，当下属真的无法做妥指派的工作时，主管将要承担其后果，因为下属之缺陷将被视同上司之缺陷。

许多主管在这里犯的错误是当他发现下属无法做妥指派的工作时，均试图将责任推卸到下属身上，他们以为责任随权力一同下移了，而事实上却恰恰相反，权力在管理中有向下分散的趋向，而责任却有向上集中的趋向。

责任创造的第一层含义是对主管而言，第二层则是针对下属的。即为了确保指派的工作能顺利完成，主管在授权的同时必须为承受权力的下属创造完成工作的责任，在主管和受权下属之间建立起一种连带责任关系。下属若无法圆满地执行任务，则身为授权者的主管可以唯他是问，这当然并不妨碍主管承担对任务的最终责任，尤其是当这件任务涉及本公司、本部门之外时，更是如此。

授权的十一条原则

管理学家们所讨论的一个长胜不衰的话题是管理学本身到底是什么？他们的一个结论是，管理学既是一门科学，又是一门艺术，即是说它随实际管理者的领悟力和才情而呈现出不拘一格、五彩缤纷的局面。

作为一种管理技能的授权，同样是科学和艺术的结合，它其中包含着能用科学概括、归纳和总结的东西，又有只能依赖于艺术思维去把握的内容。

为了探讨各种授权所具有的共同性的准则，我们需要了解授权所涵盖的范围是怎样的，即授权的内容：

- 用钱之权
- 用人之权
- 做事之权

授权中的"用钱之权"需要注意的同类有五种，即考虑预算内或预算外账目的种类、金额的大小、正式或非正式的授予形式及下属的级别层次。

授权中的"用人之权"包含两个方面：其一，决定某个时间内要增加哪些人的权力；其二，在这些增用的人中，选用哪些特定人员的权力。

授权中的"做事之权"需依据下属个人能力、工作性质等因素授予，以期下属能够自动、及时、有效地承担面临的例行工作，而不必事事都请示上司。

管理学家研究各种授权之后，不管提出哪种授权，总是存在一些共同的准则可以遵循，这些准则如下：

有目的授权

授权要体现其目的性。首先，授权以组织的目标为依据，分派职责和委任权力时都应围绕组织的目标来进行，只有为实现组织目标所需的工作才能设立相应的职权。其次，授权本身要体现明确的目标。分派职责时要同时明确下属要做的工作是什么，达到的目的和标准是什么，对于达到目标的工作应如何奖励等。只有目标明确的授权，才能使下属明确自己所承担的责任，盲目授权必然带来混乱不清。

因事设人，视能力授权

主管要根据待完成的工作来选人。虽然一个高明的组织者主要从所要完成的任务着眼来考虑授权，但在最后的分析中，人员配备作为授权系统至关重要的一部分，是不能被忽视的。受权者的才能大小和知识水平高低、结构合理性是授予权力的依据，一旦主管发现授予下属职权而下属不能承担职责时，管理者应明智地及时收回职权。

无交叉授权

在现代组织中，即使是一个小的公司，也会有多个部门，各部门都有其相应的权利和义务，主管在授权时，不可交叉委任权力，那会导致部门间的冲突，甚至会造成内耗，形成不必要的浪费。

权责相应的授权

授权解决了下级有责无权的状态，有利于调动下级的积极性。但在实践中又要防止另一种倾向，即避免发生有权无责或权责失当的现象。有权无责，用权时就容易出现随心所欲、缺乏责任心的情形；权大责小，用权时就会疏忽大意，责任心也不会很强；权小责大，下级就无法承担权力相应的责任。因此，授予多大的权力，就必须要求负有多大的责任；要求负多大的责任，就应该授予多大的权力。权与责应保持对应、对等的关系。

逐级授权

授权应在直接上级同其直接下属之间进行，不可越级授权。例如，局长直接领导处长，就应向处长授权，而不能越过处长直接向科长或科员授权。越级授权，势必造成权力紊乱，造成中层主管人员的被动，部门之间的矛盾增加，破坏上下级之间的正常工作关系，不利于工作正常运行。

单一隶属的授权

下级被授予的权力应当是确定的，这只有在一个下级只对一个上级负责的情况下才能做到。如果是多头领导或隶属关系不清，下级会感到无所适从，左右为难，难以行使被授予的互不相干甚至互相冲突、干扰的各种权力，当然也难以履行各种互不相干或者互相冲突的职责，同时给授权之后的考核带来困难。

适度授权

授予的职权是上级职权的一部分，而不是全部，对下属来说，这是他完成任务所必需的。授权过度等于放弃权力。授权的客观合理以工作所需为界，主管们应该清楚，某些权责是需要保留在自己手中的，必须亲手为之，这主要指涉及有关组织全局的问题以及对授权的控制等。

充分交流的授权

主管在完成授权之后，所授权的工作任务并未从他的肩上卸去，只是换成一种更有效率的方式，主管不能因为授权而放弃对于职权的责任，因此不存在管理的独立性，科学合理的授权不应造成上下级关系的隔断，这就是说，上下级之间的信息应该自由流通，使下级获得用以决策和适当说明所授权限的信息。现代高科技介入公司管理，尤其是网络的介入，为这种开放畅通的交流渠道提供了极大的便利性。许多世界知名的大公司在其公司的内部网络上建立了类似的主页，为上下级、同级之间的信息交流、谋求咨询、协调沟通提供了一种便利的通道。

信任原则

授权，必须基于主管人员和部属之间的相互信任的关系。一旦你已经决定把责任授予部属，就应该绝对信任，不得处处干预其决定，而部属受权之后，也必须尽可能做好分内的工作，不必再事事向主管请示。从另一种角度，这种信任原则可以看成中国传统用人之术中"用人不疑，疑人不用"精神的现代翻版，但不同的是授权所基于的不再是帝王将相的谋术，而是人本管理的现代理念。

有效控制的授权

授权不是撒手不管，撒手不管的结果必然是导致局面失控，而失控会抵销授权的几乎所有积极作用。权力一旦失控，后果必然是不堪设想的。既要授权又要避免失控，既要调动部属的积极性和创造精神，又要保持领导者对工作的有效控制，就成为授权工作中必须遵守的一条原则。有效的主管人员在实施授权前，应先建立一套健全的控制制度，制订可行的工作标准和适当的报告制度，以及能在不同的情况下迅速采取补救的措施。控制系统的设计和技术的运用，是授权主管需要学习掌握的管理技巧，其中最重要的　点是要求主管具有非凡的眼光和气魄，为使控制不致干预授权，控制必须是比较概括的，其目的是可以看出部属行为偏离计划的现象，而不是干预下级的日常行动。

有效授权的及时奖励

主管在授权中的责任，不仅是授权的提出与实施，他还有责任为授权活动不断地注入动力，这种动力有两种，一种是来自外部，另一种是来自内部，后者更具有经济性和便利性。提供内部动力的一种重要方法是对有效和成功的授权给予及时的奖励。尽管主管们应用的奖励手段大多是奖金，但是，授予更大的自由处理权，提高他们的威信——无论是在原职位还是提升到更高层次的职位上——往往有更大的激励作用。这种有效的奖励，将会使授权本身产生推动的力量，使你的授权达到新的境界。

授权的四种方法

授权的原则提供的是授权必然遵守的共同准则，这在某种意义上构成授权的底线。然而，原则本身并不能产生授权操作的具体方法。不同的授权方法会产生不同的效果，试图授权的主管应对主要的授权方法了然于胸。授权的方法按照不同的维度，有不同的划分方法。按照授权受制约的程度，授权的方法有：

- 充分授权
- 不充分授权
- 弹性授权
- 制约授权

充分授权是指主管在向其部属分派职责的同时，并不明确赋予下属这样或那样的具体权力，而是让下属在主管权力许可的范围之内，自由、充分地发挥其主观能动性，自己拟定履行职责的行动方案。这种方式虽然没有具体授权，但在事实上几乎等于将主管自己的权力——针对特定的工作和任务的——大部分下放给其下属。充分授权的最显著优点在于能使下属在履行职责的工作中实现自身价值，获得较大的满足，最大可能地调动下属的主观能动性和创造性。对于授权主管而言则大大减少了许多不必要的工作量。充分授权是授权中的"高难度特技动作"，一般只在特定情况下使用，基本要求授权对象是具有很高素质和责任心的部属。

不充分授权是指主管对其部属分派职责的同时，赋予其部分权限。根据所给部属权限的程度大小，不充分授权又可以分为几种具体情况：

- 让下属了解情况后，由领导者做出最后的决策；
- 让下属提出详细的行动方案，由领导者最后选择；
- 让下属提出详细的行动计划，由领导者审批；

·让下属采取行动前及时报告领导者；

·让下属采取行动后，将行动的后果报告领导者。

不充分授权是现实中最普遍存在的授权形式，它的特点是较为灵活，可因人、因事而异，采取不同的具体方式，但它同时要求上级和下级、主管和部属之间必须事先明确所采取的具体授权形式。

弹性授权是综合充分授权和不充分授权两种形式而成的一种混合的授权方式。弹性授权是根据工作的内容将下属履行职责的过程划分为若干阶段，在不同的阶段采取不同的授权方式。弹性授权的精髓在于动态授权的原理。弹性授权具有较强的适应性，当工作条件、内容等发生了变化时，主管可及时调整授权方式以利于工作的顺利进行。主管在应用弹性授权时的技巧在于保持与部属的及时协调，加强双向的沟通。

制约授权是指主管将职责和权力同时委托和分派给不同的几个下属，以形成下属之间相互制约地履行其职责的关系。如会计制度上的相互牵制原则。制约授权形式的应用要求主管准确地判断和把握使用的场合，它一般只适用于那些性质重要、容易出现疏漏的工作之中。制约授权在应用中的另一个警惕点在于，警惕制约授权可能带来的负面效应，过分的制约授权会抑制下属的积极性，不利于提高管理工作的效率。制约授权作为较特殊的一种授权方法，一般要求与其他授权方法的配合使用，以其利，去其弊。

授权的十大要点

实施授权的主管们应该清楚地知道，任何的管理，包括授权，不仅需要通晓"他应该怎样去做"，你还应知道"他怎样做会有更好的效果"。在授权的过程中，存在许多细节，如果能对这些细节给予充分的注意，授权会取得良好的效果，我们把这些细节归纳为授权的十大要点：

主管人员心态的自我调适

许多主管不敢把权力授予下属，这根源于他内心对个人权威缺乏安全感，对授权缺乏领悟。决心实施授权的主管首先必须进行心态的自我调适，勇敢地面对自己内心潜在的对授权的恐惧，建立起自信心。如果必要，可以参加例如卡耐基"沟通与人际关系"训练班等课程，或研修有关著作，卡耐基式的成功心理训练已经在美国的白领管理者中甚为风行。

引导各级主管明白授权的必要性

公司的各级管理者应该明白，如果他们被限制于从事一些技术性的工作，便无法充分发挥自己的潜能。管理者的绩效不是用本人的专长技术来衡量的，而是要看他们是否充分发挥了下属的能动性。

创造授权气氛

授权主管应致力于在全公司创造鼓励创新、承担责任的气氛，这种气氛将成为授权推行的深厚土壤，它能产生出的授权推动力是恒久而深远的。

自上而下协调一致的授权

应使管理层自上而下对于授权有深刻理解，由最高主管开始做起，一直推行到基层。每一阶层的管理人员都应了解：为了公司和全体员工的共同成长，主管必须容许属下做决定。如有错误，亦应妥善处理。为了授权制度能获成功，公司必须准备付出这类错误的代价，并作为全体职员追求进步的成本支出。管理学家统计，假如允许新进的管理人员在低层次的管理工作上犯错误，则他们会从错误中学习，反而可以避免以后更大的错误，在数量上，后者的进益远大于前者的支出。对公司和员工来说，这是"双赢"的行为。

训导受权者

授权不是一种单向的管理手段，而是主管与部属之间的互动与合作。授权行动只有同时得到受权者的认同，才能真正顺利推行，获得成功。事实上，授权正是训练部属的一个好方法，应该引导受权者认识到接受授权是个人追求进步的一个过程，让他们了解到：这新得的权力和附带的责任，会使他们日后成为好的管理者。受权不仅意味着接受了一份任务，还意味着得到了一个舞台，在这个舞台上，他的全部才华将得到充分展现，得到了一个脱颖而出、受人瞩目的机会。

让受权者明白该达成的结果

授权的主管应该在部属前方树立一个具有诱惑力而又清晰可见的目标，让受权者明白期望的结果是怎样的。主管应要求受权部属把行动计划写出来，看他们认为自己该如何达到预期效果，并需要哪些协助，通过这种形式，主管可以确切地了解受权部属对期望绩效的认知程度。

主管应了解部属的能力

优秀的主管不是依据部属的技术和现在表现出的能力来分派职务，而是以他们的工作动机和潜在能力来决定。许多的主管无法充分利用属下的潜能完成任务，这是失败的管理，更是人才的浪费。主管应时刻记住：卜属是你宝贵的财富，你没有理由不深入地了解你的部属。

事先确立绩效评估的标准

主管在授权的同时必须把绩效评估的标准订立出来并公之于众，这有利于协助部属和主管双方适时地衡量工作的成果。在"以人为导向"的公司里，考核标准不是由主管单方面制订的，而是由参与其事的所有工作成员共同协助制定出来的。因此，主管应具有额外的自由来衡量自己的进度，并修正自己的计划。当然，他们仍须负起全部的责任。

给予部属制定决策的充分权力

授权是决策权的下移，要求部属完成工作任务，就必须给予其充分的权力，这些权力包括部属调用公司人、财、物各方面资源的权力，当然，这些权力必须是完成工作必需的。

主管给予适时的帮助

授权的主管对受权的部属负有的责任包括两个部分，其一是监督部属达到预期成果，其二便是在下属需要帮助的地方，主管应随时提供协助。授权主管在公司政策的理解，信息的拥有量上占据优势。有效的授权主管会提供给部属任何咨询、讨论及施行时的各种协助，当然，主管不应去干涉部属的具体行动方式。

主管授权技能开发

授权对于主管来说意味着挑战。

我曾不止一次地接触到这样的部门主管，他们因为事务缠身而迫切地意识到需要授权，然而每次授权总以混乱不堪的局面收场，不得不回到原始的工作状态，他们为此抱怨下属不能理解授权的意义，不能积极地配合，等等。

事实上，真正应该检讨的是主管本身，尽管他尝试实行授权，但问他对授权到底了解多少，他却难以应答。主管们太"忙"了，以至于没有时间来学习和思考他们对于授权本身的知识，他们的授权意识或许是到位的，但授权技能缺位却阻碍他们取得理想的期望结果。

一个有效的授权主管应具有的授权技能如下：

授权的公布，达成合作

你应以适当的形式告知你的部下：授权将要发生。这种形式可能不是隆重的，却一定是正式的，必须让员工知晓，一项重大的管理变革将要发生，而这会深刻地影响公司和他们本人的前途。

你应该让下属明确知道被授权了什么，授予的权力有多大，还应让他知道与这一工作相关联的是哪些人，并保证那些人同样知道授权将要发生。

明确分工

授权主管需要选择一个最有能力完成任务的部属，同时确定他是否有时间和动力从事这项工作。假设你得到的答复是肯定性的，下一步的工作是提供明确的信息告诉他授权给他的是什么，你希望的结果是什么，以及时间限制和绩效标准是怎样的。

授权主管应放手让下属去做，一般只能在"要完成什么任务，获得什么结果"方面达成协议，而让下属自己决定采用什么办法，达到目标，在选择途径上，受权部属应享有自由权力。

明确受权者权限范围

授权从来不是百分之百地放弃权力，每一次授权活动必与对权力的限制相伴随。授权之"权"是用于某项工作的权力，是在某些特定条件下处理问题的权力，你需要明确指出这些条件是什么，使下属十分明确地知道他们的权限范围。实践表明，授权主管成功地表达这一信息，可以使你和下属对下属的权限范围及未经进一步许可能走多远达成共识。

鼓励部属参与授权

确定完成一项工作任务必须拥有多大的权力的最佳办法是让负责此项任务的下属参与该决策。需要注意的是，参与本身也存在着一系列潜在问题，下属在评估自己的能力时或许会自私自利和带有偏见。一些下属的人格特点可能倾向于扩张自己的权力使其超出需要的范围或能力所及的范围。让这种人过多地参与他们将要执行什么工作以及完成工作需要多大权力的决策，会降低授权工作的有效性。一个实施授权的主管必须对这种潜在的危险保持清醒的头脑。

建立授权反馈控制机制

反馈控制系统建立是评估一个主管是否真正把握授权精髓的关键之一，仅有授权而不实施反馈控制会招致许多的麻烦，最可能出现的问题是下属会滥用他所获得的权力。建立控制机制能够协助主管及时发现下属工作中的重大问题并予以纠正。

反馈有前馈和后馈两种，理想的授权反馈控制系统应与任务的授予同步进行，而不应是出现问题后的消极补救。具体控制的方式将在后面章节中进行论述。总之，一个有效的授权主管必须建立起设计优良的反馈控制机制以减少部属犯错误的可能，并在重大错误来临之前发出信号。

授权的权变因素

在我们身边的确有这样的主管：他们从流行的教科书上复制了关于授权的流程，在自己的公司或部门内推行，却总是遇到层出不穷的问题。在这里，许多主管并没有认识到授权本身是动态的管理手段，授权的实施与否，授权的程度高低，授权的方式选择，授权的效果评价等等，是随组织的不同特征而变化的，管理学家称这些"组织的不同特征"为授权的权变因素，这些权变因素是授权生长的土壤，什么样的土壤会长出什么样的花朵，主管的高明之处就在于，研究土壤的特性，播下合适的种子，进行不同的管理，让你的土壤盛开艳丽的五彩管理之花。

授权的权变因素有：

工作任务

需要授予部属完成的工作任务本身的特征是影响授权的主要因素之一，有的工作任务是不能授权的，而有的工作任务除了授权不会有更高的效率，不同的任务决定不同的授权方式。

分散执行的任务是一种典型的要求授权的情形。分散执行任务是指把一个企业的许多管理人员分派在一个地理区域内执行任务。分散执行任务的原因主要是技术问题，包括分工的经济节约、使用机器的机会、工作任务的任质、原材料、劳动力和消费者所在地点等等。这种地理上的分散影响授权的实施。

决策的代价

授权主管必须做好心理和实际的准备以承担决策可能的代价，这往往由部属决策的不完美性决定，这种代价从总体上来说是不可避免的，或者如果试图完全避免，会付出更高的管理成本。但决策代价的大小却会影响到授权的过程。

一般来说，要决定采取一项行动付出的代价越大，这项决定越有可能在较高管理层次做出。代价可以直接用货币或价值来衡量，或者用公司信誉、竞争地位以及雇员生气这些无形代价来衡量。主管应该衡量一项决策的代价大小，决定授权与否或授权的程度，举个简单的例子，一家航空公司购买飞机的决策将在最高层做出，而买办公桌的那种决定只要在经营部门的二、三级就可以做出了。另外一个例子是，制药上的质量控制，一点差错会关乎人命，公司的名誉会受重创，需要向高层次的领导报告工作，而小器具制造上的质量检查一般不会带来严重后果，只要向很低层次的主管报告工作就可以了。

时间限制

不同的工作任务要求不同的完成时限，有的是例行工作，可以在较长的时间内完成，这类工作，可以尝试由下属去完成，原因之一是因为时间充裕，即使部属工作失败，未达到目标，主管仍然有时间调整工作的安排，弥补失败的结果，最后仍能得到满意的工作成果；原因之二在于能够在授权的主管与部属互动之中训练部属，提供一个实战培训的机会，提高下属处理工作任务的能力。而有的工作时间要求十分紧急，属突发事件，必须在最短的时间内做出最终反应，几乎没有调整的机会，这类工作任务就难以授权，主管必须亲自果断地处理完成。

主管的领导风格

管理是一种富有个性的活动，领导者的个性风格、领导方式将造就个人独特的管理体系。授权中，主管个人的特性、意愿对于授权的制约几乎是最直接的和决定性的，这些特性有：主管是否真正重视下属的工作能力；主管是否充分信任组织成员的独立思考能力，主管本人是否希望有更多的机会熟悉自己所处理的工作；主管是否想借此培养得力助手；主管是否认为下属的工作不够理想或未达到应有的水平；主管本人的权力欲望等等。

部属的特性

缺乏好的部属是授权主管常感到为难的事情，同时部属的特性对授权方式有重要影响，包括：部属对待上司和权威的态度，是害怕权威还是表现出较强的自主性；部属对主管的情感态度，敌对或认同；部属独立的意愿和依赖的心理倾向；部属的能力高低与结构；部属的年龄和工作经验；部属的表现欲等等。

团队士气与动态

授权是主管与其部属、团队之间的互动，部属及部属团队对待主管的态度存在三种典型状态，这制约着授权的实施。这三个典型状态是团队对主管采取敌对态度；团队对主管采取疏离的散漫态度；团队对主管的工作抱有高度的热忱。第一种情形下，主管应致力于团队态度的改善，但授权应处于收缩状态以适应这种态度；第二种情形下，主管应诱导团体态度的改变，使之适合原有领导方式的要求；第三种情形下，主管可考虑适当放宽授权。

政策一致性的愿望

认为政策一致性十分重要甚至高于一切的主管总是吝于授权，因为唯有集权才是达到一致性最容易的方法。他们可能希望保证他们的顾客受到质量、价格、信用、交货期和服务等方面的平等待遇，也希望在与供应厂商打交道中执行同样的政策，或希望公共关系政策能实行标准化。

这类主管是有自己的理由的，因为统一的政策，如标准化的会计、统计、财务记录能便于比较各部门的相对效益和降低成本；各部门统一的薪资报酬、晋升、休假、雇佣等事务统一政策有利于工作合同的实施。

但授权带来的政策不一致性、多样性，能带来管理上的创新、进步，组织各部门、部属之间的相互竞争，提高士气和效率以及涌现更多的可提拔的管理人员。

组织的特性

组织的规模、性质、结构对于授权有至关重要的影响和制约作用。公司组织越大，要做的决策就越多，按照逐级上报、集中决策的方式必然是困难重重而且效率低下，对于风云突变的市场环境而言可能意味着良好机遇的损失。把公司的权力结构进行变革，使中层管理者拥有相当程度的决策权，就有可能加快决策速度，把握商机；同时高层主管从具体事务中解放出来，从事整体的协调与控制，会节约较大的成本。

企业哲学

每个公司往往有其独特的理念，这种理念或称哲学，一般从公司创建之初即逐步形成，而这种哲学在相当程度上左右授权的可能与否。例如在老亨利·福特 (Henry Ford) 缔造的企业王国中，主管们都以在自己力所能及的范围内坚持每次决策由自己做出而骄傲；然而，在另一类公司中则存在较强的职权分散的倾向。

企业哲学，常常是主管，尤其是最高主管风格所塑造的，又成为全公司信奉的一种哲学，这对授权的影响是巨大的。

组织所处的环境

有效的授权必须根据组织所处的环境做出，在某些情境之下，授权会带来不可挽回的损失，这些情境可能是：情势危急或出现紧急事件，必须于短期内完成某项工作，处理原则、方法程序已有严格规定，处理时丝毫不能违背；组织内部发生冲突或裂痕，用民主授权无法弥补，需要主管运用严肃的规矩恢复下属的信心。

而在另一些情境之下，考虑授权能给下属充分施展才华的机会，这些情境包括：工作原则、方法、程序还有商讨之余地；需要提高下属对工作的兴趣；需增进下属对全盘工作的了解；决策涉及下属的切身利益等。

当组织面临的情境相当开放时，如工作原则、方法、程序没有长远规划，需要研讨全盘计划，需要考虑某种内容复杂的问题时，授权往往是一种最好的选择。主管大权独揽往往得不偿失，既不能很好地完成任务，又会使下属产生挫败感。

制订授权计划

授权是一项重大的决定，作为主管，你必须对此形成完整的计划，这种计划可能不是文字的，但一定要在你的脑海中形成清晰的框架。盲目的授权，或者未经仔细斟酌设计的授权将带来混乱。

制订授权计划，核心在于弄清楚授权要做的事情有哪些，这些事情的程序、步骤是怎样的，在每个过程中有哪些要点、预测到可能出现的情况是怎样的等等。

授权计划所包含的基本内容应该有：

- 授权任务是什么，这项任务涉及的特性和范围怎样；
- 授权需要达成的结果是什么；
- 用来评价工作执行的方法是什么；

・任务完成的时间要求；

・工作执行所需要的相应权力有哪些。

如果授权成为一项经常性的工作，主管应设计一定的管理表格，这类表格能提示你形成完整的授权计划。

授权计划单

---

1. 任务细节

（任务的职责范围、完成任务的关键点、特殊目的、时间要求等）

---

2. 人员详细资料

（能力、兴趣和主动性水平、时间可能性、与以往培训和经验有关的内容等）

---

3. 培训要求

（性质、方法、时间、成本）

---

4. 权力需求

（完成工作所需的对人、财、物、信息等组织资源调用的权限）

---

5. 反馈方式

（反馈的方法、频率等）

---

6. 主管本人的职责

（职责是什么，实现手段）

授权计划的制订不应是自上而下发布命令的方式，这恰是与授权精神相违背的一种方式。授权计划从一开始即要求受权部属的参与。应允许下属参与授权的决定，在授权计划形成之后，应在更大范围内公布授权计划，让部属根据授权计划进行反馈和提问。这样做的好处有多种：其一是帮助你整理自己的思想，在确有必要时，修改授权计划；其二是使下属充分理解授权的精髓，在最大限度内得到下属的认同，激发其积极性。同时，又能在组织中起到宣传引导

作用，形成授权的心理期待。

授权流程与关节点

授权是一个连续性的流程，授权由计划走向操作化的方案，关键在于把握这一流程中的关节点，授权的全部奥妙正在于这些关节点之中。一个有效的授权主管，他的全部授权技能体现在对这些关节点的把握之中。

• 授权准备：扫除授权障碍，廓清授权意识，创造授权气氛，制订授权计划；

• 确认任务：有目标授权，针对特定任务授权，任务本身需要整理规范和明确；

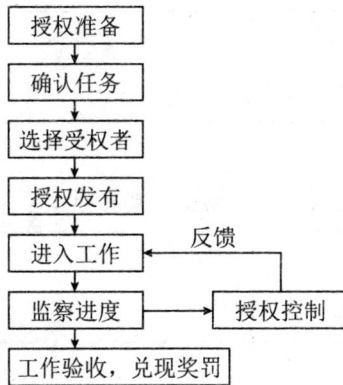

• 选择受权者：根据部属的潜能、心态、人格挑选合适的人完成特定的事；

• 授权发布：授权计划的最后商定，宣告授权启动，明确任务及权限，制订考核标准；

• 进入工作：主管放手让受权者完成工作，对一般性的工作方式不作干涉；

• 监察进度：保证工作以一定速度进行，给部属适当压力，让其感到责任，保证工作按计划完成；

· 授权控制：注视部属行为偏离计划的倾向，防止授权负面作用，及时反馈信息，保证授权沿预定轨道前行；

· 工作验收，兑现奖罚：评价工作完成情况，按预定绩效标准兑现奖励或惩罚，总结授权，形成典范，全面提升管理。

把握授权切入的时机

一位决心授权的主管此时已经摩拳擦掌，就要进入授权实战了，在他的脑海中已经形成一个授权的操作方案，现在要做的，是选择一个适当的时机，切入授权，这个时机的选择对于授权的效果可能会有显著的影响。

这种时机既可能是一些特殊的事件，也可能是一些司空见惯的现象再次出现，把握这种时机，导入授权，能让部属切实感到授权之必要，或避免授权进入过程的生硬。

有效的授权者常在下列情形出现时授权：

· 主管需要进行计划和研究而总觉时间不够；

· 主管办公时间几乎全部在处理例行公事时；

· 主管正在工作，频繁被部属的请示所打扰；

· 部属因工作闲散而绩效低下；

· 部属因不敢决策，而使公司错过赚钱或提高公众形象的良机；

· 主管因独揽大权而引起上下级关系不睦合；

· 单位发生紧急情况而主管不能分身处理另一件事情时；

· 公司业务扩展，成立新的部门、分公司或兼并其他公司时；

· 公司人员发生较大流动，由更年轻有活力的中层管理者主持各部门、团队工作时；

· 公司走出困境，要改变以往决策机制以适应灵活多变的环境时。

授权的导入需要有三个基本条件，一是主管头脑中形成清晰的思路和完整的授权计划；二是选择恰当的时机切入授权；三是选择适当的形式宣告授权。

现在，已经开启了授权之门，带上你的地图，去寻觅一路的无限风光吧。

一个授权的经典案例

这里我们以组织展销会这样一项可以授权的工作说明操作过程：

1. 组织展销会应具备的知识和能力：

①思考过程：拟定计划方案；

②工具与活动：组织、领导能力；

③与他人关系：互相合作与协调配合。

2. 考核员工能力，确定最合适的授权对象是上将型员工。

3. 说明任务前的开场白：

①"我想由你来安排一下这次的展销会。"——说明做什么；

②"我们希望能借此向顾客有效地介绍我们产品的性能。"——说明为什么；

③"展销会是我们推销工作的重要环节，是不可忽视的，我们可以从中了解顾客的意见，改善产品性能和质量。"——说明重要性。

4. 具体细节讨论：

①"我想你负责展销会的全部过程，包括事前客户名单的拟定、产品介绍说明、场地安排等。"

②"你可以参看以前展销会的资料，熟悉我们的顾客。"

③"向别人介绍时，你可说明自己负责本次展销会全部工作，他们可直接与你联系。"

5. 相关的背景介绍：

①过去展销会历史：哪些顺利、哪些失败，原因何在。

②惯用形式："开始时我们先有个简短的产品介绍，然后让顾客提问，我们予以解答。"

6. 工作要求说明：

①质的要求：顾客意见及时得到反馈，无一遗漏。

②量的要求：通过展销会，尽量将销售额提高 10% 以上。

③时间要求：最终报告可在本月底之前交给我。

④成本要求：不超过去年展销会费用。

7. 随时监察各方面进度，促使工作正常进行。

8. 对员工及时完成工作后的肯定与赞扬。

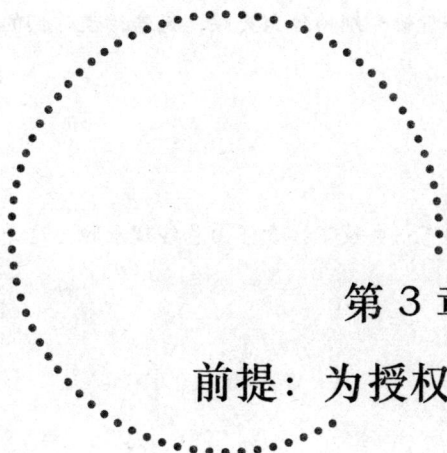

第 3 章

前提：为授权做好准备

向下级授权时，要告诉他：别怕什么失败，充分行使你们的职权吧！全部责任我来负！

——土光敏夫

成功了，功劳应归部下；失败了，责任由总经理承担，这是领导人应有的态度。

——山田三郎

授权不是一种单一的改变，不能指望通过简单的心理状态的改变，组织政策的出台便宣告完成而一劳永逸的，授权是包含公司所有职员——主管与下属，包含公司崭新运作方式的一种改变。除非每个人的心态和态度、团队行为以及组织的价值观都能配合，否则授权难以实现，也很难成功。

如果你已经意识到授权必须实施，那么你就应该着手一系列大量、细致的授权准备工作，不要误以为它不重要而忽视它，它决定你的尝试是否会成功；更不要因为它的烦琐而摒弃它，它将带来你主管生涯的一次革命……

授权受挫

一部分公司的管理中缺乏有效的授权，这自然可能源于经理或主管缺乏授权的意识；而同样值得注意的现象是，几乎所有忙乱不堪的主管都萌生了"把这件事交给下属去做"的念头，相当多数的主管也的确付诸实施了，尤其是当他们在装帧精美的、最新风行的管理教科书上读到"授权"的新鲜概念时，他们更确信，他们在做一件了不起的事，这件事会带给他主管生涯的革命性飞跃，这件事几乎能称上"管理的秘籍"，他们为这个念头激动得彻夜难眠。

主管开始尝试放手把事情交给下属去完成，并在各种场合向下属们宣称，我们要从此开始一种崭新的工作方式。

而事情的结果却常是这样的：下属对于新的任务和工作方法感到束手无

策，当他们试图如主管所希望的独立去完成一件事情时，却常常不知道任务到底是怎样的，当他们雄心勃勃地去财务处支取资金时，财务人员告诉他每一张单据必须先由部门经理签字才能支取资金；当他们谋求总务部门配合工作时，总务部门告诉他，他们不知道这项任务与自己部门有什么关系；当他们向人事部门申请暂时的人员调动或借用时，人事部门告诉他，任何人员的流动要层层报至总裁批准……

接下来的局面可想而知：下属频繁地向分派任务的上司请示或请求帮助；主管发现他们一点也没有从"授权"中得到好处，反而更经常地被打扰，他们仍没有时间从具体事务中解脱出来思考公司或本部门的发展战略问题，下属从雄心勃勃、摩拳擦掌逐渐变成垂头丧气、疲惫不堪；下属开始抱怨其他部门的上司；"授权"之后的组织并没有像期望的那样迸发出蒸蒸日上的生机，相反地却陷入一片混乱。

尝试授权的主管经理们又开始不得不收回成命，进行战略收缩，宣告一次管理革新的夭折，而同时也开始怀疑，授权是否是可能的，事情到底是怎样变成这样的。

授权的受挫，正是导致许多公司不再信任授权的根本原因。

该受到批驳的，不是"授权"，而恰恰是这些经理和主管们，他们太相信神话和童话，而实际上，管理如同世界上任何劳动一样，是要付出艰辛的努力才能做好的，它有的是"好的方法"，而不是"秘诀"或捷径。

授权是一种深刻的管理思想，又是一场严格的管理实战，再优秀的经理和管理天才也不可能依靠简单地发布公告和出台一项政策而在公司内推行授权，授权是在一系列前提条件的保证之下的一种小心谨慎的管理实验。如果你真的试图尝试，就从授权背后的前提入手吧。

授权的前提

授权代表一种全面的改变，而不单纯是一套管理技术的推行。为了迎接和适应这种全面的改变，期待授权的人员和他们的组织面临着革新，这会在几个层次体现出来：

组织

传统的组织形式缺乏容纳授权应有的弹性和开放度，试图推行授权的组织首先要完成的是组织形态由传统型向现代型的转移，这种转移或者转变体现在两个层面上：在管理的思想层面上，必须以人本管理思想取代科层制和科学管理思想，对人的假设必须由单纯的经济人假设走向复合人假设，以强调秩序、层级、服从到鼓励主动精神、创造性、自我管理、职员内控、分工合作、参与决策等等；在管理的操作层面上，应改变金字塔式的层级模式变为正方形或圆形，决策部门不是位于层级的制高点而是位于信息网络的中枢，权力不以呆板的责权体系界定，而以信息掌握的多寡来定义，加强人员管理和培训部门，创造渠道使下属和所有职员参与公司决策，促进内部充分的交流与合作，去除冗余的管理等级，加大管理跨度，实行团队式管理，强化组织各部门的协调机制等等。

授权的推行成为公司组织现代化的一个契机，推动组织的成长和成熟。传统组织在资讯时代的僵硬性必然导致效率的低下，授权所要求的恰恰是一种全新的组织模式。

人员

授权的能动因素是人，人的行动能力和行动方式决定着授权的成功或失败。授权之前，组织具有严格的等级体系，像一架精密的机械，由处于最上游的一个大主动轮首先启动，单项向度、顺序地向下传递，每个职员被期待作为组织这架巨大机械上的一个零件而存在。

授权的精髓在于发掘组织、成员的主动精神和潜能，使成员在一个开放性的空间和自由度内施展才华。

适应这种授权的人员必须从内在的态度、信念和价值上来认同自己，完成一种自我意识的转变。想要深刻地了解这种转变，可以比较说下面这两句话的人，体会其中包含的差异：职员 A 说："我是什么职位就做什么事。"职员 B 说："我做什么事就是什么人。"职员 A 是从外在的线索如职位、级别来认同自己；而职员 B 则从内在的态度、信念和价值来认同自己。

这种差别在表面上异常微小，但其影响却是深远的，而正是这种差别制约着授权实施的成与败。

任务

当组织完全由主管一人来推动其运行时，任务以及他想要达到的目标存在于他的大脑之中，这可能是模糊的，当他把一个具体的环节交代给下属去完成时，他没有必要向他们解释整个任务是怎样的；然而，当实施授权之后，模糊的任务常常使下属无所适从，当组织试图授权时，一个基础性的工作便是任务的标准化。

气氛

授权不单是个过程，它还包括了人与人之间关系的变化，形成一种新的气氛。这种新的气氛基于合作与广泛的沟通，职员在一种被信任的心理环境和组织气氛中充分发挥其才华。传统组织内的刻板与灰蒙蒙的色彩将被一种富有节奏和朝气的、探索和追求变革的气氛取代，人们感到受重视，尽力工作，而且这种齐心合力的努力带来了组织业绩的提升与充满希望的前景。

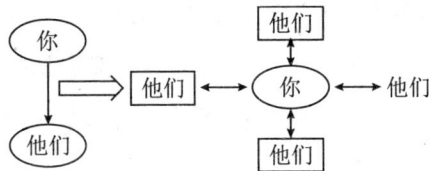

目前授权状态确认

· ·

绝对的权力集中和绝对的权力分散都不可能维系组织的运行，也就是说，组织从诞生的第一天起必然伴随着授权，所不同的是，授权的程度是否适宜，范围是否恰当，方法是否科学。

严格地来说，授权并不是完全崭新的东西，在你的公司或部门之中，你已经自觉或不自觉地在运用这种管理的手段。当你要把授权作为战略性事件引入你的管理变革时，你需要做的一件重要的事情便是要对你的组织的授权特质进行一次全面的清查。你的清查可以从组织成员、组织中的团队、组织整体三个层次上去进行。当然，这种清查至今人们还没有发明出一套公认的精确的方法，但我们试图给出这样的一个量表：

量表：授权状态清查

使用说明：组织成员分别对各个问题进行四档得分，1- 完全真实，2- 有些真实，3- 有些不真实，4- 极不真实。

1. 个人与组织的使命

• 我清楚自己目前的状态

• 我清楚公司对我的期望

• 工作和任务的安排清晰有条理

• 组织的制度和运作程序协调统一

• 我清楚公司的全部使命

---

2. 员工的士气

- 我感到自己被信任
- 我被当作一个独立的人受到尊重
- 我的个人需求不受限于僵硬的组织制度
- 我能保持独有的生活态度和价值观而不被干涉
- 我相信在我遇到困难时组织能给予我支援
- 我感受到积极工作的精神
- 我喜欢在这个组织内工作

3. 参与

- 完成分派的工作时，我可以获得必需的资源与配合
- 我能参与组织的决策，我提出的意见被重视和考虑
- 决策的制定是大家共同努力的结果

4. 组织内的关系

- 人们受到公平的对待
- 我相信公司所说的话
- 我认为公司努力推行的事是合理的
- 人们互相支援共同完成组织目标
- 人们共同对待难题，每个人全力以赴谋求解决
- 我感到被关心
- 人们不是为自己努力，而是为了整个公司
- 我能获得有关公司时事的信息
- 组织内有健全的渠道让大家能够交流与沟通

5. 认同与肯定

- 如果我出色地完成了任务，我会受到注意
- 我的努力总能得到适时恰当的奖励
- 组织看重的是我做事的能力而非其他
- 组织动态地评价成员，消除了所有成见
- 我和每个员工一样都为了公司的工作发挥出最大的潜能

6. 发展与愿望

- 我能获得学习和成长的机会
- 组织成员都能处理工作中的压力
- 公司提供了宽松的环境
- 我分派到的工作经过努力是可以完成的
- 我的个人目标与公司远景在相同的方向上
- 我对自己在公司的事业生涯有十分美好的愿望

结果运用：将各部分每一问题的得分相加再除以该部分问题数，得到这一部分的得分；团队、部门、公司所有人的评分相加平均得出总的得分。

这些得分正显示了目前组织的授权状态，如果某部分分数低于2，则表示你应就该部分存在的问题引发思考或提起讨论；如果团队各成员在某部分的评分中存在较大差异，也请你寻找其中的原因。

授权准备之一：组织的革新

迎接授权管理的组织面临自身结构、机制的变革。就变革本身而言，存在两种截然不同的方式，第一种方式是某个体制内发生了变革，而该体制本身维持不变；第二种方式则是体制本身发生了变化。借用一个行为科学的例子来说

明：一个做噩梦的人可以在梦中做很多事，包括跑、跳、打架、大叫或跳下山崖等——但这些行为没有一项会终止他的噩梦，我们称之为第一种改变；然而这个做噩梦的人若想走出梦境，就要从梦中醒来，显然清醒打破了梦而不再是梦的一部分了，我们称之为第二种改变。

我们还可以给出生活中大量存在的生动例子来揭示两种改变的相异之处：

情形	第一种改变	第二种改变
开车	踩油门	移动变速杆
看电视	转换频道	关机
政府	王朝更迭	民主革命
会议	改变议程	运用会议协调者
工资	加薪	改变工资结构
绩效评估	增加项目	改变评估标准
团队管理	新程序	制定决策新方式
组织	工作重组	组织转型

准备进行授权的组织要完成的正是第二种转变。大量的公司主管授权受挫的原因也正在于他们以第一种转变取代第二种转变，以为通过制造新的工作程序、发布工作重组的命令甚至举行一次宣布推行授权的会议即能顺利推行授权。

组织要做的，是组织自身的重新设计，这将是一个循序渐进的过程，由第一种改变导入，由表层进入实质的转变，逐渐达到第二种改变，真正的授权即作为组织的第二种改变而存在。以下是组织革新的流程图表，它只是标出改变过程中的里程碑，当你试图在自己的部门推行授权时，这是一个适当的提示，而你也需要依照你的部门实际情形，把这"四步"细化为"八步""十六步"，等等。

第一步→ 第二步→ 第三步→ 第四步→……				
行动	授权简报	关于责任的讨论	新的规则设计	组织变革，新的管理理念与工作方式
参与者	团队	团队	主管与团队	主管与员工
改变性质	第一种	第一种	第二种	第二种

授权准备之二：任务标准化

我们经常能听到授权受挫的主管这样抱怨他的下属："当我把工作交给他们去做时，他们总是频繁地回来请示这该怎么做，那该怎么做。"

"我告诉他事情是这样的，他却总是似乎难以理解。"

"他们的工作报告总是不能令我满意，我总是不能得到期望的结果。"

……

许多的主管并不能很好地理解，当把一件工作留给自己做与交给下属做，对这件工作本身的要求是不同的，你交给下属的任务必须是标准化了的任务，这种标准化的含义包括下面几点：

• 任务是明确表述的，有清晰的目标与方向；

• 任务完成的程序具有相对稳定的模式，完全没有思路的任务不适于授权；

• 完成任务所需条件相对明确的，任务完成者知道如何寻求配合和帮助；

• 任务的完成必须有相对明确的评估标准，以确定任务完成的质量。

将公司或部门的工作任务标准化，其意义远不止授权的需要，它对于公司的科学管理提升具有非凡的意义，是公司走向正规化、走向成熟、走向制度管理而非主管者主观化管理的必经之路。

授权准备之三：培育授权气氛

要让员工充分地意识到，组织在经历一次变革，这次变革将要带来的，不仅是一些细微的变化，而且是组织的全面改变：人际关系、决策方式、工作方式的深刻变化。

要在待授权的组织内创造一种适于授权的气候，这种气候作为丰厚的土壤，而授权的鲜花正是从这片土壤里生长出来、吐露芬芳。

管理者此时的角色是赞助各项授权前奏活动，鼓励组织内部的改变；授权必然面临困境，但作为主管，必须积极地鼓励授权，而不能因觉得受到组织现行机制的围困而气馁不振。作为主管，你的远见与魅力正是对于弱小而有生命力的事物抱着坚定而乐观的信念，并以热烈的情绪去感召下属，促成管理的变革。

造就利于授权的组织气氛，主管经理可以试图引导员工去判断组织现况，并与授权后所期望的结果或目标与结果做对照。

缺乏授权的组织呈现的典型状况：

- 员工对自己的工作不是很感兴趣；
- 员工消极地对待工作；
- 员工只谋求完成分内的工作；
- 员工彼此不交流，把心里话闷在心里；
- 员工之间彼此不信任，相互猜疑；
- 员工之间谋求帮助和配合很困难。

在这样的组织中，员工典型的心理感受会包括：

- 员工们凡事都不在乎，无可无不可；
- 员工不愿提出自己的想法；
- 对于员工来说，工作只是"租"来的，与他的事业没有太紧密的关系；
- 员工并不感到公司要求他们付出太多的努力和才能。

与此作为参照的，一个充分授权的组织中的员工是这样的：

- 员工感到自己是与众不同的；
- 员工对自己的工作结果负责；
- 员工感到自己是团队的一分子；
- 员工能充分发挥自己的才智与能力；
- 员工能自主地完成工作；
- 员工主动工作，谋求创新。

这种对照能让员工清楚地了解他们所处的境况，而又引导他们展望崭新的具有吸引力的未来，在反差之中产生改变和变革的意愿，这构成授权的心理推动力。

在步入授权时，主管的"授权鼓励者"角色可采取的手段与策略还包括：

向组织提出质疑

在会议或各种场合，揭示组织内部存在的问题，引发讨论，并提供具有建设性的意见和方案。

重视团队的培养

采用渐进的方式促使团队改变，首先在你与团队之间发展授权的关系，建立一种适用于授权的新型工作模式，并作为进一步推广的典范。

初步成果的共享

团队在实施初步的授权之后，它的每一点哪怕微小的成绩提升或气氛改进都是值得关注的，应该计算出这些成绩，以恰当的形式给予庆贺，公布于员工，让他们知道，成绩是如何取得的。

勇于探险

尝试一个你以前不会去做的事，把你自己推向成长的边缘，并以你自身的勇气鼓舞员工，创造一种勇于冒风险，求新的组织氛围。

授权准备之四：转移心态

正如我们在本书中反复强调的那样，授权最重要的前提在于主管的认识或认同。由于种种缘由，多数的主管在走向授权时总是有些犹豫，他们一时还不能适应授权将带来的心态上的转变，而正是这种转变，对于授权的成功与否却是至关重要的。

著名的查雪尔康复之家的创立者里欧纳德·查雪尔这样叙述道：

"每个人在要将自己天天从事的工作授权给他人接管时，总是感到难以割舍。尤其是这项事业是自己亲手创立的，更是视之如亲生子女，非亲自哺育难以放心……因此，即使你明知接管自己事业的人是如何精明干练的人才，你心底总是有个声音在呐喊：'他不行，他不了解我的事业，也不明白我的方法。'

"我自己就有这样的切身经验。在我创办了查雪尔康复之家后四年，我得了重病，必须授权……授权他人之后，事情完全出乎我的意料。那些康复之家没有我去管理，不但没有一塌糊涂，反而渐渐步入轨道，欣欣向荣。虽然，他们的方式和我不同，我也屡次想去纠正他们。但是，我很快发现，各地的风土人情各不相同，这些当地人士对当地的了解比我更广、更深，他们的方式往往更能符合当地的需要。于是，我学会了尊重他们的方式。同时，我也了解到，即使他们会犯错，但由我亲身去做，也一样会犯错。于是，我终于明白了授权的重要，更发现，一旦我不再天天唠叨，事事干涉，这些机构自然会适应原来的行事方式而形成一套准则，且能够很有弹性地去运用它，进而发展出异曲同工的工作方式，殊途同归地完成任务。"

这就是改变的力量，心态上的转变带来事业和管理局面上的别样洞天！

而管理本身是一种"team-game"（团队游戏），如果不能调动全部或绝大多数员工的热情，实质性地投入管理变革中，接受授权的管理方式，仅仅依靠主管经理的热情，这种管理变革将是泡沫经济，这样推行授权的主管就会像一个粗心的牧羊人，自己兴奋地跑出很远，蓦然回首，他的羊群已不见踪影。

推行授权，与主管者心态转移同等重要的是员工工作态度的转变。我们列出一个清单来作为这种转变的例子：

授权前	授权后
无权	有权
等待命令	采取行动
把事做对	做该做的事
被动工作	主动开创
注重实质	实质与过程并重
重视数量	数量与质量并重
主管负责	自我负责
责难	解决问题
外部控制	自我控制
服从管理	自我管理

事实上，只有当主管者和他的员工同时完成了心态的转移与重新定位，一个迎接授权的组织状态才最终形成，这种心态的转移代表了新的组织状态的核心与最高境界：

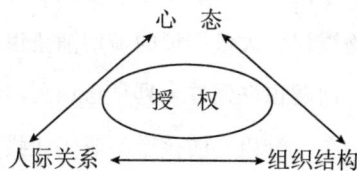

心　态

授　权

人际关系 ←——→ 组织结构

完成这一转变的组织所共有的最有概括性的特征是：

注重过程

接受工作的员工和工作团队除了完成组织交付他的目标之外，还应该讲究达到目标的方法；他的工作应是可重复的，他必须能够再次达成相同的目标，而且做得比前一次更好；他必须培养一种做事方法的自我觉醒，并且与别人分享自己的心得。

担负责任

在授权后的组织内，每个员工和工作团队都负有传统上只赋予领导者的责任。任何人看出哪里有问题，或有什么想法，都有责任向众人提出来。而组织和团队有责任使员工的每个想法受到尊重；每个员工都应该寻求成长与发展；每个员工的成长与发展成为组织中每个人的责任，而不仅仅是传统的领导和主管来做这件事。

主动学习

传统组织不论对主管还是员工的工作环境，都是有刺激才有反应，员工被动地面对工作。授权之后的组织中，员工主动寻求答案以解决问题，勇敢地把话说出来并且谋求别人的合作。他们处于更加宽松的环境与氛围中，他们的探索、学习行为受到上司和制度的鼓励，他们不消极地等待指示，而是主动地发掘自己的潜在智慧，谋求完成哪怕是困难的工作，并尽心尽力地把它做到最好。

授权准备之五：准备承担责任

你已经下定决心实施授权，大量细琐的前期铺垫也已经完成，你即将跨越授权之门，但是，有一个问题也许你并未真正意识到，这就是：责任。

在小的时候，我是一个十分粗心的孩子。妈妈让我去买东西，我常会买回错误的东西，我为自己买的衣服总是短了一大截或长出一大块。妈妈从未因此责备我，相反，每次她让我独立去做一件以前从未尝试过的事时，总是对我说："大胆去做，只要你认真尽力去做，做错了也不要怕，有妈妈呢。"正是这种鼓励，我渐渐成为同龄的小朋友中最有思考能力和动手能力的孩子。

一个实施授权的主管的角色也是这样的。在实施授权之后，主管的工作量减少了，但肩上的担子却不会因此而减轻，相反它只会加重。在实行授权之后，主管不仅对尚未授权移出的职权负有全部责任，而且对于已经授权移出的职权也负有同样的责任。

作为主管，你应懂得对下属人员授权和仍要对下属人员的最终行为承担责任是两回事。就如饭店经理必须依赖厨师搞好饮食供应，但经理仍要对饭店的饮食供应承担最终责任一样。

如果接受职权的下属在工作中出现失误，这个失误必须同时记在主管的账上，尤其是当涉及本公司本部门之外的公司或部门时。这一点，对于主管来说是十分严峻的，而也只有做好了承担最终责任的准备，授权的大幕才能开启。

对于许多试图授权的主管来说，这是一件多少有些可怕的事情，足以引起他对授权的犹豫，但请记住，这正是显示气势和魄力的时刻：

土光敏夫说："向下级授权时，要告诉他：别怕什么失败，充分行使你们的职权吧！全部责任我来负！"

山田三郎讲："成功了，功劳应归部下；失败了，责任由总经理承担，这是领导人应有的态度。"

史罗马说："你大概听过这个陈词滥调吧！'有效的授权，应同时有相当的授责'，多谬误的说法！责任是某人肩负的某种东西——无人能授予它。一个负责任的人将永远负起责任，而一个不负责任的人永远都必是不负责任的。"

好了，授权的高速列车已经启动，在这里，你的管理天才将高高飞扬，你要满怀信念与勇气迎接你管理生涯的一次革命！

第 4 章

合理分配：确定授权任务

杰出领袖的智慧在于，对只需运用常识，不须动用才智就可以处理的事，他有放手不管的魄力。

——李普曼

把大事交给我来办，常识性的不要报告，干得好的只报告百分之十就够了，有困难干不了的工作报告给我。该由我干的工作我来干，确实难而费力的工作应由我去解决。

——李秉哲

主管的工作细分

这种情形我们遇到的次数如此之多，以至于很少有人去想它是否合理：

主管在自己的办公室里埋头工作，桌上一大堆的文件要他去批阅、电话铃不断响起。下属频繁敲门来就某项工作征求意见和指示，秘书不断送来报告请他裁定、签字，不断有下属的差错从自己的上司那里反馈回来……而在主管办公室的隔壁，是一间大的办公室，十几个部属坐在那里，每个人不慌不忙地翻动文件夹，有的小声讨论附近商场里衣服的新款式或昨晚连续剧的情节，预测今天男主人公该怎样向女主人公道歉，靠近房间角落的那个职员，电脑的主屏朝向墙，他可以隔三岔五地打开游戏……

更高的职位代表更高的权力和更重的责任，然而这就一定代表更匆匆忙忙，更没有时间，更焦头烂额吗？这是个简单的问题，许多主管却常常不去思考，也许，他们是太忙了，忙得没有时间去思考，而这正是问题的要害所在。

任何一位主管应该清楚地懂得，他所管辖的工作并非都处在一个"能量级"上，区分不同工作所处的"能量级"，正是授权的一个必要步骤。

一般来说，主管的工作均可区分为五种层次：

· 主管必须躬亲履行的工作，这类工作不能假手他人；

· 主管必须躬亲履行，但可借助下属帮忙完成的工作；

- 主管可以履行，但下属若有机会亦可代行的工作；

- 必须由下属履行，但在紧要环节可获主管协助的工作；

- 必须由下属履行的工作。

一个埋头工作的主管如果能把他的工作按这样的层次进行细分，他的工作局面会为之一新。

在正常情况下，前两类工作应构成主管工作的重中之重，因为这两类工作对他而言，已不再是单纯的"工作"或"任务"，而是一种象征或标志，是他握有"权力"的标志，他完成工作的过程，毋宁说是显示权力，树立权威的过程，聪明的主管一定视之为自己的命脉；而从第三类工作往下，授权的必要性因素增加，尤其是后两类工作，是必须授权下属完成的，聪明的主管绝不可能把这种工作揽入怀中，因为那样做会同时伤害双方：主管本人忙乱不堪，而他的部属会感到不被信任、缺乏成就感、无所事事、满腹抱怨、滋生懒惰……

授权的不同层级

从权力下放的角度，授权具有不同的层级，不同的任务必然有不同的权力限度。主管握有大权并非是件好事，权力应该根据不同任务的要求和特性，以一定的比例留下，以一定的比例授予下属：

授权程度

一级授权	领导保留自行处理之权力
二级授权	经领导批准后，才能自行处理之权力
三级授权	同领导商量后，才能自行处理之权力
四级授权	可以自行处理，但应向领导汇报之权力
五级授权	可完全由自己决定处理之权力

当代著名管理学者哈维·沙曼（Harver Sherman）提出，授权的程度——亦即授予权力的极限，可以区分为以下六个层次：

· "审视这个问题，告诉我一切有关的实况，我将自行制定决策。"

· "审视这个问题，让我了解包含正反意见的各种可行途径，并建议其中的一个途径供我取舍。"

· "审视这个问题，让我了解你希望怎么做，在我同意之前不要采取行动。"

· "审视这个问题，让我了解你希望怎么做，除非我表示不同意，否则你可照你的意思去做。"

· "你可采取行动，但事后应让我知道你的所作所为。"

· "你可采取行动，而不需要与我进行联系。"

以上六个层次之中，第一个层次所授予的权力最少，但是它所期待履行的任务也相应最轻。这与有责无权的情况是不可同日而语的。第六个层次所授予的权力虽然大到令部属可以"独断专行"，而不必向主管呈报进度或执行的结果，但这并不排除上司对所授予的权力做必要的追踪、修正甚至收回的可能性。因此，这种最高层次的授权与"既已受命为将，将在外，君命有所不受"的理念也是迥然不同的。

授权之"权"，从本质上来说是决策的权力，决策的制定是公司运转的关节，依照参与、授权的程度的不同，决策制定还可以分成不同的层面或级别。最低的级别是仅仅告诉你的部属"你要做什么"；最高的级别是把决策的权力完全转移给下属或下属组成的团队，主管本人完全不加入制定决策的过程。

实际上，决策权是一个连续态，在上述的最低和最高之间可以有许多典型态，如下一页的图片：

决策梯次

第五级：委任
你要求他们做决定
由他们控制。

第四级：合作
达成一个每个人都喜欢的决定，
每个人都负全责。

第三级：对谈
做决定之前，充分讨论每个议题，
每个人都同意该决定。

第二级：意见
做决定之前，咨询员工的意见，
倾听他们的评论。

第一级：命令型
告诉他们你已经做好的决定，
问他们对它有什么看法。

这五级决策模式之间存在本质的区别，核心是决策的形成过程与决策的最后拍板者，我们甚至可以用形象的图解方式来阐述这种差别：

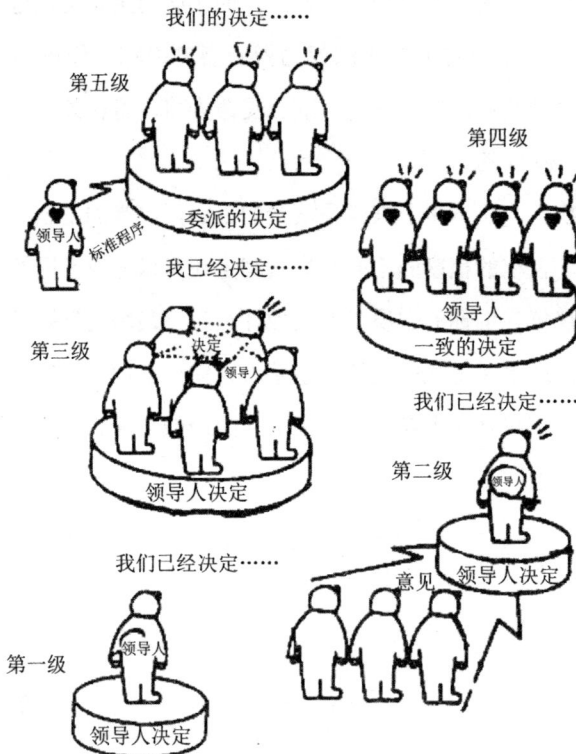

我们的决定……

第五级

领导人 标准程序 委派的决定

我已经决定……

第四级

领导人 一致的决定

第三级

决定 领导人 领导人决定

我们已经决定……

第二级

领导人 意见 领导人决定

我们已经决定……

第一级

领导人 领导人决定

选取授权任务

如果你已经知道"有些"工作是可以，甚至必须授权于下属去完成的，这时，你的思路或许仍然是混乱的，你下面要做的是找出到底是"哪些"工作需要授权，需要在多大程度上授权。这项工作需要花费你一定的时间和心思，但这是值得的。

你要做的第一步是对你手中的全部工作（不论是你已经让助手去做还是自己正在做的）按照责任的大小，进行分类排队，不同类的工作对应不同的授权要求，你得到的结果应当是一张"授权工作清单"：

1. 必须授权的工作：	
①	④
②	⑤
③	…
2. 应该授权的工作：	
①	④
②	⑤
③	…
3. 可以授权的工作：	
①	④
②	⑤
③	…
4. 不能授权的工作：	
①	④
②	⑤
③	…

必须授权的工作

这类工作你本不该亲自去做，它们之所以至今留在你的手中，只是因为你久而久之，习惯去做；或是你特别喜欢，不愿交给别人去做。这类工作授权的风险最低，即使出现某些失误，也不会影响大局，例如公司的日常事务性工作、具体的业务工作、外来客人的接待工作等。

应该授权的工作

这类工作总体上是一些部属完全能够胜任的例行的日常公务，部属员工们对此有兴趣，觉得有意思或有挑战性，而你却一直由于疏忽或其他原因而没有交给他们去做。这类工作授予下属的意义，除了可以节约你的时间和精力之外，更有利于调动员工的积极性。

可以授权的工作

这类工作往往具有一定难度和挑战性，要求员工具有相当的知识和技能才能胜任的工作，你由于不放心而长期躬亲为之。事实上，只要你在授权之外，特别注意为受权的部属提供完成工作所需的训练和指导，把这类工作交给下属，可以有机会让他们发展自己的才能。对于急切地需要一个得力副手的主管来说，这无疑是精选干将的绝佳时机，因为，在所有的人员评价手段中，实战表现是最具有效度和信度的一种，其他任何的方式，包括情景模拟、技能测试，都无法与之相比。

不能授权的工作

每个组织的工作之中，总有一些工作关系到组织的前途、命运、声誉，直接影响你的业务拓展，这类工作一旦失误将要付出沉重的代价。或者这类工作除非主管本人，否则无法完成，那么这类工作是不可授权的，必经主管亲手为之。这类工作包括制订未来发展计划、选拔新进员工、支持考核员工绩效、实施奖惩、重大生产经营决策等等。

在实际的授权过程之中，经常发生的一种现象是：主管即使意识到某项工作应该交给下属完成，由于自己喜欢做，而迟迟不愿交出；而对另一些工作，他知道应由自己处理，却因为自己也感到头疼而交给下属或助手去做。或许他们明白这是不恰当的，却总是重演这种闹剧，这是理性与感性的争斗，存在于一切管理者，甚至所有人的心态之中，是人类永恒的困境。但记住，雄才，意味着突破，突破永恒困境，方显风流。

授权任务的分析

仅仅确定你要授予下属的任务是什么，这是不够的，也许在你亲自去完成这些任务时，你已经能够驾轻就熟，甚至只凭一种直觉和习惯的思维与行为就能完成，完全是例行公事。但是，你现在要做的是将工作交给一个部属去做，而他也许在此之前从未独立处理过类似的事情，这件工作对他来说是陌生的。假想你面临一项全新的任务时的情形，你会很容易地知道你应该为部属做什么。你需要把选出的授权任务进行分析，这种分析既是为部属而做，又是为自己而做。

任务的分析包括工作条件的分析和工作风险的分析。

授权工作条件的分析包括三点：

- 执行任务所需要的思考过程
- 任务所要求的工具和行动
- 为了完成任务所需要与他人建立何种关系

对应于每项工作的条件，要求接受工作的员工具备一定的资格，这些资格包括：

- 知识
- 学历
- 运用工具的能力

- 思考的创新能力

- 勇气

- 人际沟通能力

- 经验

例如，公司决定举办一个展销会，使顾客更了解公司的产品及其服务，接受这项工作的员工应具有的资格能力有：

- 规划的能力，对展销会全程有一定的总体把握

- 具有组织及领导能力，能带领一批人做好展销会各细节的工作

- 交际能力，取得其他人的信任

- 最好有类似的经验

又如，撰写格式化公函，用于每年公司寄给客户的文书，这项工作要求完成者的能力有：

- 良好的文字水平

- 透彻理解公司使命

- 了解客户之需

对于授权主管来说，在授予下属工作的同时，即在一定程度上失去了对这项工作的控制，但工作的责任却仍在你的肩上，这就必然地存在一个风险，这是伴随授权而产生的。因而，必须在授权同时，预估工作出乱子的可能性有多大；如果出乱子，乱子会是什么性质的，乱子可能造成的最大损失是什么。主管只有对这种风险了然于胸，才能从容不迫地完成授权的全部过程，不致在风险降临时手足无措。

工作的重新设计

许多主管一旦尝试从全部工作中选取可以授权的工作，并对这些工作的性质、特点、具体内容、所需条件、要求资格进行分析，他们十之八九会惊讶地发现：他的公司、部门的大部分工作是混沌不清的，许多的工作没有明确的界

定，工作程序不合理、职责交叉、要求资格条件不清楚，等等。而事实上，这正是逐渐成长的公司所必然经历的一个过程。公司由很小做起，当初只有老总带领几个人打天下，所有工作装在大家脑子里，大家齐心合力做成第一批生意，不分彼此；接着，公司业绩攀升很快，人员迅速增加、部门增多、业务量激增，开始出现混乱，工作交叉，出现扯皮，不知道怎样为新招的员工安排合适的职位等。

记住，许许多多的小公司就是在这个关头夭折的，美国每年有50多万人创办企业，而一年之后，会有40%销声匿迹！

跨越这个阶段，你的公司才会获得持久的生命力，才可能迎接市场资讯潮水的冲击。

世界著名的大公司无一例外都有自己独特的工作手册，有的厚达数百页，公司所有的工作都得到详尽的描述和规定，既包括工作本身的内容、职责、关系，也包括工作对承担者的资格要求，还包括工作流程说明。正是出色的工作分析与设计保证了这些大公司在巨大无比的规模下高效地运转。

因此，一个着眼于未来的主管应该对本公司或部门的工作进行全面彻底的分析设计，制作自己的工作说明书或工作手册，这项工作具有超出授权的意义，又使授权成为一种规范化的管理活动。

工作分析的内容，一般包括以下七个问题的调查：

- 用谁（who）

- 做什么（what）

- 何时（when）

- 在哪里（where）

- 如何（how）

- 为什么（why）

- 为谁（for whom）

还包括四个方面的分析：

- 工作名称分析
- 工作规范分析
- 工作环境分析
- 工作条件分析

工作名称分析包括对工作特征的揭示和概括，名称的选择与表达；

工作规范分析包括工作任务、工作责任、工作关系与工作强度的分析；

工作环境分析包括物理环境、安全环境与社会环境分析；

工作条件分析包括必备的知识、必备的经验、必备的操作技能和必备的心理素质分析。

工作分析的方法目前管理界尚未形成十分完善的体系，常见的如下：

观察分析法

一般由有经验的管理人员，通过直接观察的方法，记录某一时期工作的内容、形式与方法，并在此基础上分析有关的工作因素，达到分析目的。通常这种观察在隐蔽情况下实施，对于确定短时期的外显行为特征，观察法具有相当大的适用性。

工作者自我记录分析法

一般由工作者本人按标准格式详细记录自己的工作内容与感受，在此基础上结合分析，形成"工作日记"，包括的项目有：工作活动内容、工作活动成果、工作时间消耗、工作感受。通过让各层员工记录自我工作，可判断工作分派的适当程度。

主管人员分析法

由主管人员通过日常的管理权力来记录与分析所辖工作及下属工作的任务、责任与要求等因素，此方法可采用的表格示例如下：

工作调查分析表

职位名称及基本信息：

职位设置目的：

主要职责：

管辖人数：

直接管理人数：

间接管理人数：

主管上级：

与其他部门、人员关系：

任职要求：

教育文化水平：

经验：

工作环境：

工作内容：

自主权与责任：

所负、所受监督：

访谈分析法

由工作分析人员与工作有关的人员进行访谈，获取工作资料，访谈提纲如下表：

工作分析访谈表

职位基本信息：

职位设置目的：

职责内容：

工作内容：

工作经常性：

工作重要性：

工作性质（执行、接受指导、指导、布置、制订计划、协调、评价下属）：

教育要求：

技能要求：

经验要求：

工作关系：

工作环境：

精神要求：

附加说明：

工作分析活动主要包括计划、设计、分析、结果、运用五个环节

工作分析活动流程图

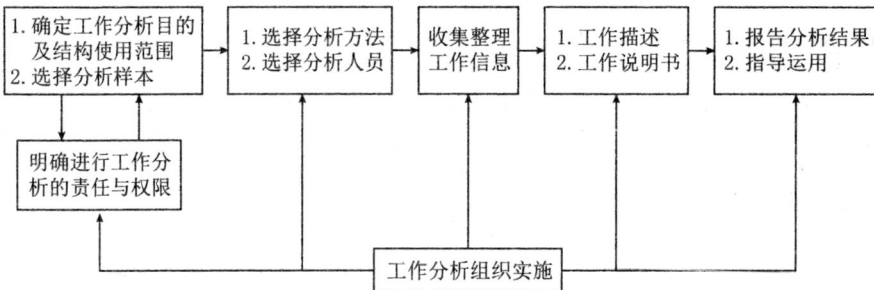

工作分析的结果是形成工作说明书，这对于授权的意义在于，主管可据此

确认工作的重要性，根据重要性及资格要求确定授权层级、授权给谁，授权之后，接受工作者如何准确把握授权工作内容、权限、工作关系，从而节省授权主管的指导时间，提高工作效率。

工作说明书结构示例

工作		信息主管
工作概要		指导控制信息处理、设备维修、保养及履行所分配任务职责
工作职责		1. 基本活动
		2. 选择、培养、发展人员
		3. 计划、控制、指导
		4. 分析业务，预测发展
		5. 制订部门发展计划
资格要求	知识	1. 教育 2. 经验 3. 技能
	能力	1. 分析 2. 指导 3. 沟通
	决策	1. 人际关系 2. 管理技能 3. 财务决策

评估：授权任务明确吗？

在经历了大量细致的分类、辨别工作之后，你已经斟酌选择出了需要授权的工作和任务。在把这些任务最终委派给合适的部属去完成时，一个谨慎的主管需要回顾自己确认授权任务的过程。这其中的环节你或许都经历过，但再一次的反思仍然是必要的，因为，一旦这项工作从你的手中授出之后，任何变动都将涉及除你之外的另一批人，任何准备工作的不足也会导致授权不能达到预期的效果。

有效的授权主管会从如下方面再次问自己：

· 我准备授权的工作是否一定或应该向部属授权？

· 如果部属的才能超出我以前的想象，我是否有进一步可以授权的工作？

· 我是否已经确切地把不能授权的任务留给自己，而没有推卸给下属？

· 对于要授权的任务，我是否已经弄清了所需要的技巧和能力？

· 对于要授权的任务，我是否知道相应的责任有多大？

· 我准备伴随工作授予部属的权力是否与工作的实际要求相适应，是过大还是过小？

· 我是否对准备授权的工作可能出现的风险或代价做了客观的评估？

· 我是否已经有了充分的心理准备，要自始至终为授权的工作负起责任？

只有当你对上述的问题做出充满自信的肯定回答时，你才可以迈向授权之旅的下一步了；如果你对某几个问题抱有疑问，切勿浮躁，只有坚实的根基才能支撑起辉煌的大厦。

第 5 章

审慎甄别：选择合适的受权者

天下第一要务——找替手。

——曾国藩

有句老话说得好："如果你有件工作必须赶快做，把它交给最忙的那个准没错！"

——罗伯特·卢比

请记住，一位好的经理总是有一副忧烦的面孔——在他的助手脸上。

——布利斯

你了解下属吗？

我曾用同一个问题问过许多主管，得到了许多不同的答案。每位主管都相信他的答案是正确的，起码他认为他的答案是具有充分理由的。

我的问题是："你认为在公司，你最大的财富是什么？"有的主管告诉我："是我的职位。"也有的暗示我，他最大的财富是公司老总的信任和器重。

而当我拿这个问题去问一些公认的出色主管时，他们的回答却惊人的一致："在公司，我最大的财富是我的下属，我信任他们，我们部门的一切成绩都赖于他们主动和创造性的努力。"

这与我们遇到的授权中的情形往往大相径庭，我们不只一次地听到一个宣称想要授权的主管这样抱怨："我几乎没有可用的下属""他们常常连简单的工作都做不好""他们总是捅娄子，把工作交给他们，难以让人放心"等等。

这两种截然不同的情形带来的必然是两种迥然相异的局面：相信自己最大的财富是下属的主管，在他希望把一件任务委派手下去做时，他总能找到合适的人选；他信赖他的下属，而下属同样感恩于主管的赏识而卖命工作；部门的运转显得井井有条，授权成为一种习惯和自然的事情，员工们清楚地知道"事情应该是怎样的"，这成为部门或公司的气氛，一切像一架精确而富有生机的机器，按最恰当的方式自动运转，这其中全部的奥妙可以归结为一句话：每个员工在合适的位置上尽心尽力地工作。

而总是抱怨手下无人的主管却陷入一团糟：他既恨没有精兵强将可以分担他的重任，又越来越看不上他的下属，认为他们都是平庸之辈；当面临任务时，他不是首先想到发动员工，让他们主动思考解决问题，而是转向其他途径，例如自己的上司等，去谋求解决困难的"捷径"；他的下属也渐渐变得懒散，感到不被重视，对待工作得过且过，任何小的事项也习惯于请示上司，有的员工开始递交辞呈，有的甚至不辞而别，他们的离去使公司人心惶惶……

几乎任何一本管理学的教科书上，都会写着"人是唯一能动的要素，人是一切财富的源泉"，许多主管或许并没有异议，然而一旦走进公司，这些教条便统统会从他的脑海中清除出去，他无论如何也不能把"唯一能动的要素"同眼前自己的下属联系到一起，这恰恰是许多主管管理失败的重要原因。

主管们面临的最大问题不是没有能干的下属，问题在于他根本不了解他的下属，甚至他们根本没有意识到自己对下属缺乏了解。

主管们也许应该问自己这样的一些问题：

· 你了解你下属的教育背景吗？

· 你了解你下属的特长吗？

· 你了解你下属的兴趣吗？

· 你了解你下属的缺点吗？

· 你知道哪些下属组成团队会合作顺利吗？

一旦你真正以一种欣赏的态度去观察你的下属，去了解他们的能力特长，了解他们的兴趣性格，你会发现，你并不真正缺乏得力干将。

了解下属：员工素质测评（一）

员工是你的第一财富，全面客观地评价你的员工，可以借助于现代人力资源管理中的素质测评技术。

素质测评是与绩效考评不同的一种"识人"手段，许多主管对后者关注甚多，但对前者却鲜有耳闻。

　　绩效考评是针对员工工作结果的分析与审定，其依据是员工客观完成某一任务取得的业绩、成效、效果、效率和效益。而素质测评是根据员工行为特征信息，对员工的身体素质和心理素质的估量与判断，它侧重于员工的潜能和稳定性内在要素。对于主管来说，了解员工的素质常常比了解员工实际已经做了些什么更重要。因为绩效是员工与特定事、特定条件结合作用的结果，绩效并不稳定，绩效差往往不能说明员工素质差，而很可能的原因是你没有安排他从事真正适合于他的工作。据美国组织行为学专家研究发现，员工每周工作五天，往往是周一上午与周五下午的工作绩效较低，而周二至周四绩效较高。同一天中每个人上下午工作的绩效也不尽相同。有的人上午绩效优于下午，有的人则恰恰相反。

　　素质测评则是测定员工内在稳定性因素。"素质"是一种综合性的个人要素，素质代表的是事业成功的可能性，按照不同的素质要求从事不同的工作，能取得良好的绩效。

　　素质的结构：

```
                      ┌ 体质 ┌ 遗传
                      │      └ 获得
            ┌ 身体素质┤
            │         │ 体力
            │         └ 精力
            │                   ┌ 学校教育程度
            │         ┌ 文化素质┤ 自我学习程度
            │         │         └ 社会化程度
            │         │
            │         │         ┌ 政治品质
      素质 ┤         ┌ 品德素质┤ 思想品质
            │         │         └ 道德品质
            │         │
            └ 心理素质┤         ┌ 知识
                      │ 智能素质┤ 智力
                      │         │ 技能
                      │         └ 才能
                      │
                      └ 其他个性因素
```

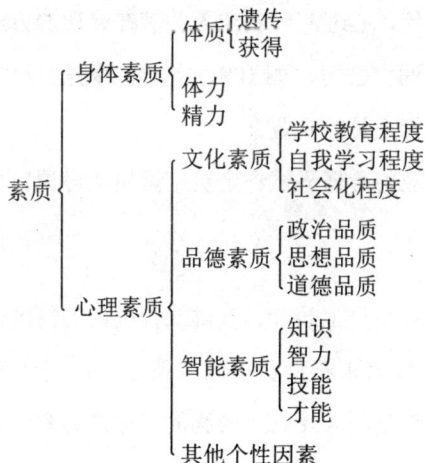

　　在上述素质之中，心理素质是个体发展与事业成功的关键因素。美国著名

心理学爱特尔曼曾对 800 名男性成人进行过绩效测评与心理测验，发现其中成就最大的 20% 与成就最小的 20% 两组人之间，最明显的差别是他们的心理素质差异。成就最大组，在兴趣、谨慎、自信、开拓进取、不屈不挠和坚持性方面，明显地高于成就最小组。

掌握素质测评，尤其是心理素质测评的方法和手段，并运用到对部属员工的测评之中，将使主管的管理工作得到极大的提升。员工的差别对你来说将不再是性别、年龄、职务、工种，而是素质，你才能发现优秀之才与奇缺之才，明确各人所长，各人所短，用人之长，避人之短，取长补短，优化组合，开发潜能。

了解下属：员工素质测评（二）

第一次世界大战期间，美国国防部应用智力测验挑选士兵，防止低能的和不合格的人进入部队；后来又广泛应用于军队官员的选拔与安置。第二次世界大战期间，美国又编制了一套分类测验，简称 GCT，借以预测军人的能力。二次大战后，美国则把测验应用于民用行业，兴起了职业测验。

到 20 世纪 90 年代，心理测验测定人的潜在素质的方法已经广泛为管理界采用。许多国际知名的大公司，如 IBM、宝洁、摩托罗拉等，广泛地应用心理测试方法来选才并进行人员的安置。

日本电产公司在应用心理测试评定员工素质上可谓新招迭出：

自信心测试

主管在不同场合观察员工朗读、演讲或打电话的情形，根据声音的大小、谈话风度、语言运用能力来测量员工的自信心，他们认为，只有说话声音洪亮、表达自如、信心百倍的人才具有较强的工作能力和领导能力。

时间观念测试

第一次，主管通知新进的 60 名员工，公司将在某天中午请大家吃午饭，之后的 1 点钟组织大家外出参观学习。在这一天之前，主管先用最快速试吃了夹生米饭和硬邦邦的菜，大约 5 分钟内吃完，于是他确定，如果新员工在 10 分钟内吃完则说明时间观念较强。在这一天到来时，主管向大家宣布："我们 1 点钟在隔壁房间集合出发，请大家慢慢吃，不必着急。"结果 3 分钟后开始有人吃完，10 分钟时正好有一半人吃完。事实证明，新员工在很短时间内便显示出很大差别，这最先吃完的一半人绝大多数都能成为公司的优秀人才。

工作责任心测试

对于刚进入公司的新员工，公司希望知道他们责任心的强弱，于是公司规定，他们必须先扫一年厕所，而且打扫时不用抹布、刷子，全部用双手。结果总是有人不愿干或敷衍塞责，而另一些人却表里如一、诚实可信。从质量管理的角度看，注意把人们看不到的地方打扫干净的人，不仅追求商品的外观和装潢，而且注意人们看不到的内部结构和细微部分，从而在提高产品质量上下功夫，养成不出废品的好习惯，这是一个优秀的质量管理者应具备的美德。

日本电产公司用这种方法来测试新员工的特征，给不同的人委以不同的职位和工作，充分发挥每个人的才能，这样，该公司生产的精密马达打入了国际市场，资本和销售额也奇迹般地增长了几十倍。

了解下属：员工素质测评（三）

另外一种广为采用的素质测评手段称为评价中心，即采用模拟情景，观察员工的表现，从而判断员工的素质特征。

评价中心的主要形式：

复杂程度	评价中心形式	有效等级
更复杂 ⬆ 更简单	管理游戏	A
	公文处理	A
	角色扮演	A
	有角色小组讨论	B
	无角色小组讨论	B
	演说	C
	案例分析	C
	事实判断	C
	面谈	D

管理游戏 (Management Games)

将员工分成小的团队，每个团队分配给一定的任务，引入竞争，但要求成员只有合作才能较好地解决问题。通过员工的行为可以判断其合作性、领导力、责任心等。

小溪任务。给一个团队一个滑轮及铁管、木板、绳索，要求他们把一根粗大的圆木和一块较大的岩石移到小溪的另一边。这个任务只有通过员工的努力协作才能完成。主管可以在客观环境下，有效地观察员工的领导特征、能力特征、智慧特征和社会关系特征。

公文处理 (In-Basket)

要求被测员工暂时性地顶替某个管理人员的工作，在他的办公室桌上堆积着一大堆急待处理的文件，包括信函、电话记录、电报、报告和备忘录。它们分别来自上级和下级、组织内部和组织外部的各种典型问题和指示、日常琐事和重要大事。所有这一切信函、记录与急件都要求在 2 ～ 3 个小时内完成（美国电话电报公司要求 3 小时内处理 25 件公文）。处理完后还要求被试者填写行为理由问卷，说明自己为什么这样处理，对于不清楚的地方要给出进一步的说明。这种方法可以测评员工的组织、计划、分析、判断、决策、分派任务的能力和对于工作环境的理解与敏感程度。

角色扮演 (Individual Presentations)

主管设置一系列尖锐的人际矛盾与人际冲突，要求员工扮演某一角色并进入角色情景，去处理各种问题和矛盾。主管通过对员工在不同情景中表现出来的行为进行观察和记录，测评其素质潜能。

下面是一个 10 分钟的角色扮演实例：

指导语：

你将与其他两个人共同合作，而且你们三个角色的行为是相互影响的，请快速阅读关于你所扮演角色的描述（脚本），然后认真考虑你怎样去扮演那个角色。进入角色前，请不要和其他两个人讨论即将表演的事情。请运用想象使表演持续 10 分钟。

图书直销员（角色一）：

你是个大三的学生，你想多赚点钱自己养活自己，一直不让家里寄钱。这个月你要尽可能多地卖出手头上的图书，否则你将发生经济危机。你刚在党委办公室推销，办公室主任任凭你怎样介绍书的内容，他都不肯买。现在你恰好走进了人事科。

人事科主管（角色二）：

你是人事科的主管，刚才你已注意到一位年轻人似乎正在隔壁的党委办公室推销书，你现在正急于拟定一个人事考核计划，需要参考有关资料。你想买一些参考资料，但又怕上当受骗，你知道党办主任走过来的目的。你一直忌讳别人觉得你没有主见。

党办主任（角色三）：

你认为推销书的大学生不安心读书，想利用推销书的方法多赚到一点钱，以使自己的生活过得好一点。推销书的人总是想说服别人买他的书，而根本不考虑买书人的意愿与实际用途。因此你对大学生的推销行为感到恼火。你现在注意到这位大学生走进了人事科的办公室，你意识到这位大学生马上会利用你的同事想买书的心理。你决定去人事科阻挠那个推销员，但你又意识到你的行为过于明显，会使人事科长不高兴，认为你的好意是多余的，并产生你认为他无能的错觉。

角色扮演要点参考（仅供评分人参考）：角色一应尽量：①避免党委办公室情形的再度发生，注意强求意识不要太浓；②对人事科主管尽量诚恳有礼貌；③防止党办主任的不良干扰（党办主任一旦过来，即解释说，该书对党委办公室的人可能有点不适合，但对人事科人员则不然）。

角色二应把握的要点是：①应尽量检查鉴别书的内容与适合性；②尽量在党办主任说话劝阻前做决定；③党办主任一旦开口，你又想买则应表明你的观点，说该书不适合党办是正确的，但对你还是有点用的。

角色三应把握的要点是：①装着不是故意搞乱为难大学生的；②委婉表明你的意见；③注意不要惹怒大学生与人事科主管。

主试对角色扮演中各角色的评价应事先设计好表格，一般评价的内容分为四个部分：

①角色的把握性。被试者是否能迅速地判断形势并进入角色情景，按照角色规范的要求去采取相应的对策行为；

②角色的行为表现。包括被试者在角色扮演中所表现出的行为风格、价值观、人际倾向、口头表达能力、思维敏捷性、对突发事件的应变性等；

③角色的衣着、仪表与言谈举止是否符合角色及当时的情景要求；

④其他内容。包括缓和气氛化解矛盾的技巧、达到目的程度、行为策略的正确性、行为优化程度、情绪控制能力、人际关系技能等。

注意，角色扮演的效度不一定高。未能进入角色的人并不一定意味着他以后不行，角色扮演很好的人并不一定保证他日后什么都行。

小组讨论 (Group Discussion)

员工被划分为不同的小组，每组人数 4～8 人不等，不指定负责人，大家地位平等，要求就某些争议性大的问题，例如额外补助金的分配、任务分担、干部提拔等问题进行讨论，最后要求形成一致的意见并以书面形式汇报。每个组员都应在上面签字，以表明自己同意所做的汇报。

主管一般是坐在讨论室隔壁的暗室中，通过玻璃洞或电视屏观察整个的讨论情形，通过扩音器倾听着组员们的讨论内容（当然若有条件也可以用录像录音机录制），看谁善于驾驭会议，善于集中正确意见并说服他人，达到一致决议。为了增加情景压力，主管还可以每隔一定时间，给讨论小组发布一些有关议题中的各种变化信息，迫使其不断改变方案并引起小组争议。当情景压力增加到一定的程度时，有的被试者就会显得焦躁不安，甚至发脾气，而有的沉着冷静，处置自如，这样就能把每个人的内在相关素质暴露无遗。

在这种形式中，主管评分的依据标准是：发言次数的多少，是否善于提出新的见解和方案；是否敢于发表不同意见；是否支持或肯定别人的意见；是否坚持自己的正确意见；是否善于消除紧张气氛，说服他人，调解争议问题，创造一个使不大开口的人也想发言的气氛，把众人的意见引向一致；看能否倾听别人意见，是否尊重别人，是否侵犯他人发言权；还要看语言表达能力如何，分析问题，概括或总结不同意见的能力如何；看发言的主动性、反应的灵敏性如何等。

小组讨论的形式有两种，一是角色指定形式，二是无角色自由讨论形式。前者的代表是有领导小组讨论，后者的代表是无领导小组讨论。

人、事相宜的技巧

一旦你对你的下属的才能、兴趣了然于胸，下一步要做的，就是针对某项特定的工作选择适合的人来做，或者为特定的员工安排适当的工作，做到"人得其位，位得其人"，追求人与事的适应。

管理学上一条著名的定理是："没有平庸的人，只有平庸的管理。"传统的管理把人看成一个样子，仅仅依照工作的制度安排人的位置，结果，许多讷于言辞的员工被安排去组织展销会，许多新点子迭出的员工被安排做财务……

你的公司如果规模较大，一定会有许多不同的职位，你手中的工作也一定是各种各样的，尝试去观察目前正做这些工作的人是合适的吗？事实上，不同的工作任务总要求不同的素质，举几个简单的例子：

中层业务主管素质特征

- 能赢得他人合作，愿与他人共同工作，说服人而非压服人
- 决策才能，依据事实而非想象决策，具有高瞻远瞩之能力
- 组织能力，发挥部属才能，善于组织人力、物力和财力
- 精于授权，自己抓大事，小事分散给部属去完成
- 善于应变，不墨守成规，积极进取
- 勇于负责，对上级、下级、产品用户及全社会抱有高度责任心
- 勇于求新，对新事物、新环境、新观念有敏锐的感受能力
- 敢担风险，对企业发展中不景气的风险敢于承担，有改变企业面貌、创造新局面的雄心与信心
- 尊重他人，重视采纳别人意见
- 品德为社会人才、企业员工所敬仰

科技主管的素质特征

- 精通某一学科并有较深的造诣
- 有较广博的专业知识和管理知识
- 有较强的政策意识
- 具有判断和预测学科研究方面的决策能力
- 对科学技术有较强的鉴别能力
- 有较强的业务实施能力
- 知人善任，乐于助人
- 有强烈的社会责任感

- 有较强的组织、协调能力

广告设计人才素质特征

- 较强的创造性，能别出心裁、独树一帜
- 丰富的知识，对复杂的事物有鉴别的能力
- 有战略眼光和预见能力
- 法制观念强，不制造虚假广告
- 诚实守信，有较强的人际交往能力
- 有全局观念和开拓新领域的能力
- 有较强的空间想象力和绘画能力

采购人员素质特征

- 独立性和自我管理能力较强
- 善于捕捉信息、灵活多变
- 时间观念强
- 善解人意，劝说能力强
- 诚实、守信用
- 喜怒不形于色
- 性格外向，人际交往能力强
- 口头表达能力和洞察力较强

文字编辑人员素质要求

- 扎实的专业知识和宽广的知识面
- 较强的社会活动能力和人际交往能力
- 较强的鉴别能力和对信息的快速反应、筛选能力
- 责任心强
- 较好的文字能力和编写能力

- 有经济效益和公司全局观念

财务人员素质特征

- 廉洁奉公，有正义感，抵制各种诱惑，原则性强

- 责任心强，时间观念强，慎重细致

- 较强的数字反应能力和汇总、规划能力

- 较强的社交能力

- 扎实的专业知识和宽广的知识面，熟悉公司业务流程各环节

- 较强的理解、分析、综合、判断和推理能力

情报信息人员素质要求

- 外语基础好，有宽广的知识面

- 对情报信息敏感，有较强的鉴别、筛选能力

- 注意力稳定，反应迅速

- 较强的记忆能力和观察能力

- 较强的辩证思维能力

- 分析、预测、洞察能力较强

量其能，授其权

从授权的角度，主管考察可被委任者的才能，区别不同员工的特点，将有限的精力用于指导那些需要你指导的人身上，而让那些能独立完成工作的人自由发挥。

你的全部下属可以分成以下四种类型：

上将型

这类员工经验丰富，能力卓越，你可以尽管放手让他们完成工作。同时，因为这种人具有很强的能力，他们往往自视较高，甚至会近于自负。聪明的授

权者应给予这种人充分发挥的余地和空间，让他们感到被重视，能实现自我价值。

向这种员工授予的权力任务应该是与他们才能相适的，要具有挑战性，有较大的决策权和相应的责任，例如组织一次展销会，拟定一个大型的公关宣传活动计划等，对上将型员工会是具有吸引力的。

向上将型员工授权，需要注意的是切忌干涉他们的工作，要给予充他们分的信任，但当他们向你要求帮忙时，一定要认真对待，因为这类员工除非遇到自己确实力所难及的困难，不会开口求人。向这类员工提供帮助，要态度诚恳，不能伤害他们的自尊心。

良卒型

这类员工有一定经验，能力较强，有一定的决策力，但需要不时地支持和鼓励。

向良卒型员工授权，需要注意的是，应不时监察他们的工作进度，但要顾及这类员工较强的敏感心理，监察应不露痕迹地进行。授权主管应重视鼓励、表扬和期待的力量，要对良卒型员工进行正面的促进，尽量少用或不用负面的批评、惩戒。

授予良卒型员工的工作应具有一定的挑战性，需要一定的经验才能出色地完成，这类工作对热衷于承担更大责任的良卒型员工来说，是再适合不过的了。

健马型

这类员工缺乏经验，需要学习怎么做，这类员工常常是刚入公司的年轻人，他们在你的公司中不占少数，作为主管，你切不可忽视这批人的存在，因为他们中间必将出现一批优秀人才，支撑起公司的明天。你要做的，正是发掘这批人，给他们机会，锻炼和选拔他们，而授权恰恰是最好的手段之一。

向健马型员工授权，需要从初级一步步做起，可以把"一定要授权的工作"交给他们去做，健马型员工常常能有条不紊地去完成，并能从中得到训练和提高。

向健马型员工授权，需要主管们注意，缺乏经验不等于缺乏能力，应该帮助他们树立信心，指导他们并对其行为做出适时的反应。

白搭型

这类员工往往让主管十分头疼，他实在搞不清楚，这批人怎么会存在，又怎么对待他们的存在。主管们恰恰没有意识到，这批人同样是他的财富，高明的管理者能通过有效的管理让这类员工充分展现自己的特殊才能。

白搭型员工常常"身怀绝技"，他们常常少言寡语，不大合群，从来不主动找上司谈话，对于公司来说，他们近乎局外人，但是当公司面临紧急任务、特殊任务时，往往正是他们大显身手之时，这常常使他们成为应急求援的好对象。

受权者是你思维的延伸

许多的主管一定有过这种授权经历：他把一项工作委派给一位能力颇强的下属去完成，下属很快便递交了工作总结，而且对自己的工作充满自信，对自己所做的事情充满必须这样做的理由。而对于主管来说，他虽然不得不同样承认，部下完成了工作，而且完成得比较出色，但却总是不能给出自己内心想要的结果。接受工作的下属确是有很强的能力，但对授权主管的真实意图却并不能准确地抓住，而要命的是，主管感到，这种真实意图实际上是很难用言语准确表达的。

这正是许多授权主管面临的困境！但你能因此责备你的下属吗？如果是那样，你的下属一定会感到委屈，感到你过于挑剔甚至不可理喻，你可以想象，这种情形是何等的糟糕。

许多的公司主管是"独行侠"，他们独来独往，谨言慎行，只喜欢待在自己的个人办公室里，很少去部属的大办公室。午餐也只在办公室或主管餐厅匆匆吃罢，而对不时从部属们的桌上传来的说笑声无动于衷，下班后，他们便匆匆去会见一位重要客户，或者在办公室里加班，而他的下属则常三三两两去小酒吧小坐一下，聊聊天地杂事。部属只有在遇到工作上的事情时才会敲响主管办公室的门，他们与主管之间的谈话严格地限定在工作的范围之内，当主管偶尔走近部属们休息时的"聊天会"时，大家会不由自主地打住话头……

这种"独行侠"式的主管在我们的生活中到处可见，他们被孤独地搁置在一个世界里，一旦他们尝试授权，把一件原先由自己独立完成的工作交给下属去做，他不敢奢望下属能够准确地领会他的全部意图。

有一家著名跨国公司的总裁，在他刚刚试图授权的时候，这个难题也同样困扰着他。后来，他从自己手下的中层主管中选出七八个人，这些主管已经在他们的职位上显示出很强的能力。此后，总裁每次参加重大的业务活动，总着意让这些精选出的中层主管全部或部分地跟随在他左右，如参加公司最高级客户的接见、参加重要的谈判、参加公司重大决策的制定。他甚至经常和这些年轻的主管一块儿去小酒馆喝酒、唱歌。他不再那样板着脸，满口是"公司的发展"之类，而是无所不谈。

之后，总裁开始逐渐地授权给他们，他在授权说明时也有一定技巧，一开始，他努力把事情讲得尽量清楚，告诉他们结果应是怎样的。逐渐地，总裁开始有意把事情、任务讲得不那么清楚，除非授权的主管们询问，否则不主动说明。再到后来，总裁只需告诉他的主管们，"小伙子们，现在有这样一件事情……"，而这已经足够了。

在经历这种转变之后，总裁惊喜地发现，他的意图总能准确地由部属把握，并以各自不同却有效的方式实现它们。甚至自己短时地离开公司时，公司的运转会比总裁守在公司时更加有秩序，因为主管们不希望因为总裁离开而让公司出现丝毫的紊乱，他们反而比平时更用心。

出色的授权是授权者思维的延伸，就如机械的大量使用使人的物理身躯得到巨大的延伸一样。一个主管把工作委派给理解其真实意图的部属去完成时，主管的思维同样被极大地拓展了，整个公司、部门成为一个有机的整体，它的运转会让你为之惊喜！

培训：不仅要做伯乐

有这样一则寓言：伯乐因为相马有功，被帝王册封为"相马候"，后来许多人闻风而动，所有的人都在全国的马厩里背着手转悠，期待着发现千里马，驯马师们更是利用职业便利，迅速转行。没过多久，人们便再也找不到奔跑有力的骏马了，皇上再次命伯乐寻宝马时，伯乐转遍全国，也没有找到千里马，只好悄悄地弃官而逃，到别国过起了隐姓埋名的流浪生活。

寓言所讲的伯乐，跟我们今天的许多主管相似，他们总是说："我希望授权，可手下无将才呀。"于是，他们整天忙于到人才中心、别的公司"挖人才"，甚至高薪聘请由猎头公司炒得身价惊人的职员。然而，新人进入公司后，他们却发现事情好像并没有很大改观。

主管们太想做伯乐了，而对驯马师不屑一顾，但对公司来说，驯马师却常常比伯乐更重要、更难得。

世界著名的跨国公司，如宝洁、摩托罗拉都有一套详尽完备的员工培训计划，甚至建立了员工培训大学，聘请世界一流的专家来培训自己的员工，这成为这些公司成功并保持持久潜力的秘诀。

对于授权来说，不能期望你的手下一开始便满是精兵强将，一个真正优秀的主管会意识到，培养具有潜力的员工是他作为主管最重要的职责之一。

里欧纳德·查雪尔说："授权时，最好是从开始就有计划、按部就班地培训接班人。起先，先授一部分职责，自己退居一旁观察，适时地给予指导。"

如果一个主管希望他的大部分工作都能找到完全胜任的下属去完成，他要做的，便是在任何可能的时刻，为下属提供培训机会，而不是到面临工作时临时抱佛脚。你为下属提供的培训或许一时一刻不能立竿见影，看不出它的作用在哪里，但是，这种储备终将会被证明是明智的。

评估：是否把合适的工作委派给了合适的员工

如同在确认授权任务环节一样，在你结束了甄别受权者的工作时，为谨慎起见，我们仍需对这一环节的工作进行回顾与自我评估，这无疑是有益的。

你已经决定将一项工作任务委派给下属去完成，你现在是在为这项工作找一位恰当的接管人，你能想象得到，如果这项工作超出了接受它的员工的能力，或低于接受它的员工的能力太多，事情会是多么的糟糕。

你需要要求自己认真地回答这些问题：

· 我确切地了解受权员工的知识和才能水平吗？

· 受权员工果真对这项工作抱有兴趣吗？

· 我是否为每一位下属安排了他特定的工作？

· 我是否认为每位下属都能做好一件特定的事？

· 这项授权能增强受权员工的技能和经验，使他们有所收获吗？

如果你对这些问题中的全部或几个做否定回答，你最好的选择是"授权缓行"，你必须为工作找到合适的承担者。如果不能很快找到，你宁可等一等，甚至自己去完成它。

如果你充满信心地对这些问题做出肯定性回答，那么，你可以搭乘授权专列，向下一个美丽的站点进军了。

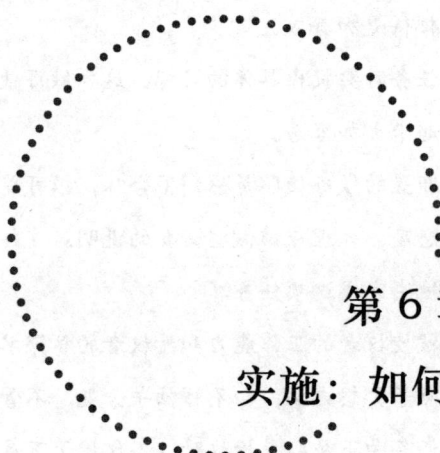

第6章

实施：如何授权？

帮助经理授权的几条经验：

明确任务。如果经理在授权时能对任务的执行给予明确而具体的指导和要求，员工的角色作用将发挥得更加有效。

确定目标。布置工作任务时要提出具体的目标，这样做可使接受任务者目标明确，心中有数，执行起来更加容易。

做些解释。如果经理布置的任务使职员感到不合味，很可能做出不乐意接受的表示。为了避免这种态度，经理应该做些必要的说明。这样就可以将员工的积极性调动起来，全力地去完成这项任务。

提供帮助。授权牵涉被授权者的工作能力和授权者的参谋水平。经理在授权时有义务为下属职员出点子、想办法，切不可袖手旁观、不管不问。

责权同授。在就某项任务向下属职员授权时，不仅授予下属完成这项任务的责任，还要授予完成这项任务的权力。

帮助职工总结工作。提供此类帮助的时机应选择在工作的进程中，不可放"马后炮"，更不能"秋后算账"。经理在日程安排中，要抽出时间与职工谈工作进展情况。这不仅使职工有一种强烈的被尊重感，也能促使员工意识到他所承担的任务对双方都很重要。

——英拉莱斯

授权发布的技巧

如何把授权的决定以正式的形式发布给授权对象和公司的相关部门、人员，许多授权的主管并没有仔细地考虑过，他们也许认为，关键的事情是让受权的部属去做这件工作，其余的都并不重要。这类主管或许是由于粗心，或者是着急，他的授权从一开始发布，便埋下了许多的麻烦。

有位主管自认为是一个很开明的人。每次向部下交派一项任务时，他总是说："这项工作就全拜托你了，一切都由你做主，不必向我请示，只要在月底前告诉我一声就可以了。"

初看起来，这位主管非常信任他的部下，并给了部下极大的自主权，希望他们能放开手脚而不受约束，按照他们自己的意愿去做。但实际上，他的这种授权法会让部属感到：无论我怎么处理，主管都无所谓，可见这次工作并不怎么重要。就算是最后做好了，也没什么意思。主管把这样的任务交给我，不是小看我吗？

这的确是让人啼笑皆非的结局，不能简单地归结为主管和部下之间的误解，问题的关键在于，实施授权的主管没有意识到，他在发布授权时采取的态度、语言对受权者来说同具体授权的内容是同等重要的。

一个有效的授权主管在授权时，不仅能从主管自我的立场去看待授权这件事，他还要善于站在下属的位置上，去体会下属的心理，去思考授权带给部下的意义。

有效的授权发布的技巧正在于此：让部下感知授权的意义。

不论你采用怎样的语言告诉受权的部下，"授权发生了"，你都必须让他们感到：

• 你重视这项工作，这项工作对于公司整体的使命负有责任。

• 你信任他们，他们有能力把这件事情做得十分出色。

• 这件工作是不可能轻易做好的，承担者需要付出足够的奋斗与智慧。

• 这件工作只有他们做才是最合适的，你是在充分思考之后决定交给他们来完成的。

• 你是他们坚强的后盾，会支持他们的工作，遇到确实不能解决的困难，你会出面为他们扫清障碍。

• 你准备放手让他们去做，他们可以立即动手制订计划了。

如果你能恰当地做到这几点，我们有十分的理由确信，当接受工作的部下昂首走出你的办公室时，他一定是踌躇满志，甚至心潮澎湃，脸上显露出掩藏不住的笑容……

明确授权界限

一位公司业务主管决定委派一名下属到另一城市的某分公司从事推销工作，这项工作在此之前是直接由他本人管理的，他向接受任务的下属规定职责：

• 每天打 20 个电话给一般顾客

• 寻找新顾客

· 与分销处的销售员共同推销某产品

……

而事实上，这样的指示完全没有让部属发挥自己创意的余地，授权界定处于十分模糊不清的处境之中，而有效地授权则必须具有明确的界定。按照明确授权界定的原理，上述授权可以改变为：

你的责任辖区是……和……

预定的成果：

· 销售额提高 7%

· 每个月增加 3 个新顾客

· 把 A 产品的销售额提高 15%

一般来说，明确的授权界定包含的要点如下：

你委派给他的任务是什么

任务的表述必须是明确的，要清楚地告诉受权者，这项任务的内容、结构，尤其要把预定的成果表述清楚，这种成果必须是尽量量化、可测量的，至于完成任务的途径选择，则留给下属独立去完成。

我们为什么必须做这项工作

要表明，这项工作是确有必要的。例如，告诉被授权组织一次公益活动的部属，我们公司需要树立一种新的公司形象，这次活动必须出色地完成，否则，公司将蒙受损失。

这项任务在公司战略中的地位

作为主管，你可能比下属对公司的宏观发展掌握更多信息，有更深刻的理解，你有责任告诉受权者，这项工作应如何与其他工作相互配合，相互作用。例如，告诉他们，这次公益活动是构成公司 A 计划的第一步，之后我们准备推出的活动是……

受权者有哪些职权，它们的限度是多少

任何授权在职权上具有一定的不可逾越的范围。如：公司许可他为这项任务的完成添购所需物品，但要在某个金额之内；他可以提高员工的薪水或钟点费，但不能超过公司规定的预算；他没有权力雇用或辞退员工，这是人事部的权限，但他可在一定数目内向其他部门借调人员。

受权者必须承担的责任

受权者拥有权力的同时，必须承担相应的责任，这种责任是对公司的，也是对下属的，是物质的、经济的，也是道义的。他在运用权力的同时，要时刻牢记所肩负的责任。

受权者对授权主管的义务

主管在授权之后，仍负有对这项工作的监督之权与监督之责，受权者有义务向授权主管证明，工作正在以恰当的进度被完成。如受权者必须把行动计划提交给主管备案，每月底，要向主管汇报工作的进度，如工作中出现重大事件。要及时主动地向主管做出解释说明。

任务完成的期限与验收

委派的工作应该在什么时间最后完成，如何验收。如：受权者要递交工作总结汇报、提供项目财务报表，由主管或组成验收小组考核任务完成结果与预定结果的比较关系，评价工作质量的等级及个人表现，如果做出过奖罚承诺，应据实际结果予以兑现。

形成参与式授权方案

    明确授权界定的过程，实际上是一套授权方案形成的过程，那么，准备承担这项任务的受权者担当的角色是什么呢？试看下面这种情形：

    当项目经理敲响公司主管办公室的门时，主管应了一声，继续低头批阅文件，项目经理在主管的办公桌前坐下，主管这才抬起头，说："公司准备委派你组织一个小组，对公司的岗位进行调查，制作公司的岗位说明书，这是关于这项委派的方案，你回去研究一下，可以开始工作了。"说着，递过几项打印纸，上面是关于这次授权的规定与说明。项目经理拿着授权方案走出主管的办公室，心中没有一点儿接受重大任务的兴奋感，相反，却有一种说不出的不愉快的感觉充斥在胸中。

    许多的主管正是用这样一种"集权"的方式做一件"授权"的事情。

    有效的授权者采取的是另一种方式，他并不提供一个完全确定的授权方案，他在向受权部属交派任务时，总是采取一种亲切民主的方式，他并不把任务的目标、权限、期限等等和盘托出，当然，在他与下属约谈之前，早已形成了关于这些问题的"底线"水平。

    "我希望委派你负责某地区的销售工作。"

    "该地区去年的销售额达到了多少，但我并不满意，我希望你能给公司一个更好的成绩。"

    "公司将为你提供什么条件，许可你在多大的范围内调用公司资源。"

    "我认为你是这项工作的最佳人选。"

    "我想听一下你对该地区销售工作的设想。"

    接下去，授权主管会仔细地聆听部属的谈话，不时地给予引导。

    "你看今年的销售额比去年增长 25% 可能吗？"

"你认为公司应给你哪些权限？"

"你希望公司以何种方式检查你的工作？你认为向公司汇报工作的频率应是多少，采取什么方式为好？"

......

主管的征询、启发、诱导与信任极大地鼓舞了接受委派的部属，在磋商之中，双方对授权的方案都已经了然于胸，部属深受感动，将长时间对某地区销售工作的想法和盘托出，并对即将到来的新任务充满期待和信心。

为受权下属开路：授权系统论

许多主管将手上的工作委派给下属之后，原以为可以享受清静了，但他办公室的门却总是被受委派者敲响，有时甚至是为了让他签字从财务处支取几十元钱，因为财务处坚持任何数额的单据都要经主管签字才有效——公司以前正是这样做的。

这种现象在初次尝试授权的公司层出不穷。对于公司来说，授权实际上意味着权力结构的转变，必须用系统的观点对其进行整体考虑、全面规划，否则必将造成整个部门权力结构的失调。

授权的同时必须给受委派者全面的调用人、财、物、信息的权力。光下达任务而不提供所需的条件，就会使下属难为无米之炊。

譬如，要求第一流的客房服务，经理就必须提供吸尘器和清洁剂；销售经理应有必需的旅差和交际费用才能招揽业务；人事经理要配备秘书；厨师长没有勤杂工就不能保持厨房整洁；餐厅经理没有足够的服务员就无从提供餐饮。

有效的授权要求将任务委派出去时，同时弄清受委派者完成这项任务所需要的条件是什么；这些条件涉及哪些部门、人员；这些条件哪些是可由受委派者自己创造的，哪些需要授权主管书面协调。

下一步要做的，是由主管以正式的方式向公司或部门全体下达授权通告，尤其是向与这项工作直接相关的部门、人员打招呼，解释授权安排。

这样，主管可以向接受委派的部属说："现在，你可以放手去干了，如果有必要，再来找我吧。"

传授工作要诀

要委派出去的工作，在此之前可能一直是由你亲自负责的，在长期的工作中，你积累了丰富的经验。你深知，有许许多多的要诀是在工作之中才会知道的，初次接手这项工作，注定要花很长时间才能发现或积累起这些要诀，而且这种要诀又难以用文字的形式记录在工作档案之中，这种现象也许会让你对是否授权颇多踌躇。

事实上，这很难成为你不授权的充分理由，这只意味着你在授权时需要负起另一项职责：向受权者传授工作要诀。

这些要诀是关于待授权工作的背景和有关细微却可能至关重要的细节点的，它们可能包括：

这项工作过去的情形

如："我们过去曾搞过三次这种同业公司联谊会，有两次十分成功，我们有很大的收获，有一次却不怎么理想，问题出在……这一次，你应在这方面加强注意力。"

这项工作的深层动机

如："公司组织这次联谊会虽然是每年度例行的，但这一次却有些不同，公司正在谋求本行业中领路者的地位，因此，这次联谊会上应特别留心各公司代表的反应，收集相关信息，以适当形式传递这一信号。"

经常采用的程序、形式

如："这种联谊会一般邀请本公司的公关经理主持，总裁致辞，接下是座谈会，自助午餐会，报告及讨论、酒会等内容。过去，我们过于注意联谊会的象征意义，这一次我们希望搜集更多的资讯，你看是否能有所改进。"

微妙的细节提示

如：哪些公司与我们合作很愉快，而另一些公司曾与我们有过过节。某公司老总很难对付，但他的助手却很容易接近。某主管部门的主任对公司是至关重要的，他性格如何，喜欢游泳，曾是运动员，教育背景……哪位老总有民族禁忌，需要注意不要冒犯……

……

这类提示当然是依据你的具体工作内容而各自不同，但在他们接手之前，让受委派者了解这些，无疑会极大地有利于他们把事情办得尽可能地漂亮，而不至于出现完全毫无准备的尴尬场面。

受权下属的能力训练

许多的主管都希望能够这样：能找到一名下属，听自己讲清要做的工作，他便能完全胜任。而事实上，这总是不现实的。

你精选出的下属可能非常出色，他们在以往的工作中显示出很强的能力和素质，但每个人的能力总是有限的。与以往的工作任务相比，你要授权的任务将更有挑战性，更有综合性，而你的下属很可能是初次接触到，或者至少是初次独自担当此任，他们一时还不能完全胜任，这是一件极为自然的事情。

高效的授权者会注意对受委派的部属进行能力的训练，以引导他们出色地完成任务。

这种授权中的能力训练与员工的一般培训具有明显的不同，因为前者明确地瞄准眼前授权的工作。因此，能力训练实施的前提是对授权工作能力要求的分析：

- 授权的任务要求具备怎样的能力？

- 接受委派的下属具备其中哪些能力，缺少的能力是什么？

- 这些缺少的能力哪些是短时间能弥补的，哪些要逐渐提升？

- 弥补这些能力最佳的途径是什么，公司能提供的训练是什么方式的？

授权中的能力训练与一般的员工培训不同，前者强调受训练者的参与，而不是主管向部属灌输知识。因此，主管在对其委派的下属进行训练时，重在引导：

"你把思路谈一下，我们共同来看其中有什么问题。"

"如果你需要以最快的速度掌握这套新的软件，你可以查阅那本书，或向技术中心人员咨询。"

"这项工作要求承担者足够耐心和细致，希望你多加注意。"

"如果你的外语水平的确不足以直接与外商谈判，你可以考虑在你的谈判小组中增加一名合适的人选。"

针对授权的能力训练的最重要形式被称为"面对面指导"，作为"指导者"或"训练者"的主管需要首先确定：

指导的目的

让受委派者真正弄明白，公司所期望的结果是什么，为达到这一结果，下属应该怎样去完成工作。

授权工作的基本特征

授权的工作任务职责与构成是怎样的；需要什么样的技能；该工作与其他

工作的关系是怎样的。

给予指导的时间是多少

授权工作复杂程度是怎样的，下属对工作要求的技能掌握了多少，缺少哪些。

完整的能力训练计划

指导的内容包括引导下属理解工作中需要的技能，告知他们更加专业的技能要到哪里去学习，公司能提供哪些帮助。

能力训练的要点：

· 将受委派的下属置于不受拘束的情景之中，激发他们的兴趣，使他们自己想学。

· 向受委派者解释工作的目标、重要性及与其他工作、整体目标策略的关系。

· 了解受委派者已具备哪些技能和工作所需的知识，了解他们还需要学些什么？

· 鼓励受委派者就授权的工作发问。

· 指导训练分阶段进行，给受委派者回味咀嚼的时间。

· 允许受委派者在工作中学习，直到他们完全胜任工作。

· 允许和鼓励受委派者对指导提出建议和要求。

· 定期检查受委派者学习训练的效果，及时反馈。

· 当受委派者需要帮助时，随时提供这种帮助。

· 不断鼓励受委派者的进步和成绩。

设立绩效标杆

公司的业务主管决定向一名部属授权负责采购工作，他这样向这名部属说明公司的相关意图：

"公司希望由你负责本季度的采购工作。"

"公司要求采购部门应能保证生产部门所需的全部材料，但公司也不希望余料过多地占用公司的库房。"

"公司上一季度的采购成本似乎过高，本季度希望得到有效的控制。"

"公司将根据采购部门和采购人员的成果给予奖励。"

……

这是授权中十分常见的一种情形，许多主管以为，向受委派的下属说明了"工作是什么"就已经实行了授权，至于如何评价下属工作完成的情况则是事后主管个人的职责了。

这种认识恰恰是错误的。授权的主管不仅要让受委派的下属清楚地知道"工作是什么"，还要让他们知道，"工作应达到什么程度"和"公司以什么标准评价工作的完成结果。"只有这样才有理由期望下属感受到压力，看到明确的目标而努力工作。

这项工作便是设立绩效标杆。绩效标杆的设立有如下的技巧与要求：

绩效标杆基于工作而非工作者

标杆的恰当形式是"工作应完成到什么程度"，而非"你应该做什么"，就是说，标杆不是因为你而设立，而是因为"工作本身要求是这样的"。

绩效标杆是可以达成的

标杆的规定应在合理、可能的限度内，过高的绩效标杆会从一开始便使下属失去信心，或者背负过大的压力，影响工作的完成。如，你不能轻易地要求公司的销售额增长 20%，除非你有充分的理由证明这是可能的。

绩效标杆要有挑战性

一个跳高运动员如果把目标放在一米八零，他就可能通过刻苦训练，达到一米七八，但一个只想跳过一米六零的运动员，无论如何也达不到一米七零，这正是绩效标杆设立的意义所在。这个标杆应是一个"不能轻易达到"，却又"在你的潜能范围之内的"，标杆激励着下属努力地工作，向这个目标迈进。

绩效标杆为人所知

绩效标杆应该公之于众，至少主管和部属们应该对此十分明确，标杆不应藏在主管的档案夹里，变成单纯事后评判的依据，标杆实质的管理学含义在于形成压力和动力。

绩效标杆应求得双方的认同

标杆的设立不应是单方面下达命令，在这一点上，主管应同受权部属磋商讨论，确定绩效标杆。如果部属认为标杆的设立不公平，他们就不会认真地对待它。

绩效标杆是可测的

笼统地说"公司希望没有太多的余料占用库房"和"公司希望控制成本"是缺乏实际效果的，标杆必须是具体的，可衡量的，你必须研究实际情况提出"公司希望原材料储备率是多少"，以及"在保证供应的前提下，公司希望本季度的采购成本比上一季度下降多大百分比"。

绩效标杆要有时间限制

标杆要在何时达到，公司将在什么时间按照标杆来评定你的工作。

绩效标杆是可调整的

标杆一经设立，不应成为恒定不变的量，需要经定期的评估与改变，以适应工作可能面临的新情况，当然这并不是否定标杆的权威性。

绩效标杆是奖罚依据

如果设立的标杆不能作为对受权者奖罚的依据，受权者就很可能按照标杆的最低要求来完成工作，而不是追求超额完成，甚至他们根本不担心标杆完不成、达不到会有什么后果。如果规定"成本控制的底线在哪里，这是你的基本职责，如果高于这个底线，在超出额中，公司将分段按多大比例给予提成，用以奖励你与你的团队"，情况自然会大不一样了。

一个绩效标杆的实例：以下是某公司成立新员工招募小组，授权人力资源项目经理负责这项工作。

绩效标杆实例

	授权任务：新员工招募
绩效标杆	1. 收到人力要求三周后，90% 的需求能有合格人选补齐。 2. 每名员工的征募成本应比通过介绍所寻找要低。 3. 合格申请人的资料应保持最新档案以备补缺。 4. 工作询函应于两个工作日内回复。

构建授权回馈系统

一位主管抱怨："把工作委派给下属之后，我对这件工作的进度一无所知，这让我很不安心，我希望一切在我的控制之中，至少应让我知道它们正在恰当地被完成着，因为这件工作很重要，如果不能按时完成，公司会蒙受损失的。我试图把下属叫来，听他把事情的进度详尽地告诉我。但我又知道，我不能过多地这么做，我既然放手让下属去做这件事，就不能再过多地干涉他们……"

这位主管的困境来自他自己的授权行为，有一个必备的环节被他忽视了，有效的授权在形成授权方案时，还包括一个有关授权的回馈系统，正是这个回馈系统，使授权的主管虽然不亲自处理交派出去的工作，但依然能随时掌握有关工作的讯息，并能对预见的问题提出改进的意见。

日本公司向来是以管理的严格、权力集中而著称的，但并不意味着日本公司采用严格的集权主义的管理方式。日本公司是以一种奇特的方式来管理的，他们广泛地采用授权管理，但对于授出的工作任务，他们必然会建立严格的报告制度，接受委派的员工必须按制度定期向主管上司汇报工作的进展情况，对工作过程中的重大事项进行说明，他们有义务向上司证明：事情正在正确的、预定的轨道上前进。

这正是有效授权的要诀之一。授权的主管必须在事前与受委派的下属商议回馈系统的建立，并把它作为一项正式的制度来对待。

回馈系统包括：

事先由受权者提交工作计划书

其中，要给出确定的工作计划时间表，保证工作是会按步骤进行的。

确定定期汇报制度

受权者说明事情实际进展与计划表的同或异，报告事项。汇报的频度可能是一周，也可能一月，过频繁会有干涉下属工作之嫌，而过少，则失去实际意义。汇报的时间长度应控制在 15 分钟之内，以一种简洁高效的方式进行。

阶段性总结制度

工作可能分成几段，应在每一个重要的关节点，总结过去的工作，它产生的成果可能有两个，一是可能要对授权方案做出调整，二是对下属的工作提出表彰或警示，如有必要，可以物质的形式奖励或惩戒。

提醒受委派者：公司始终在支持他

这对下属是一种心理支持，同时还包含另一层含义："如果有什么需要，随时来找我。"而作为主管，你还可以从中了解到工作进程中的困难所在。

第 7 章

控制：在一定界限内放权

所谓控制，就是不断听取汇报，检查下放了的工作。看是否按照指定计划，是否在限定组织范围内开展工作。放权不是放任自流，而是要检查是否按照经营计划和一定的组织方向开展工作。偏离了，就要纠正。

——佚名

放手≠放弃：控制是必要的

　　公司的营销主管已经把一项市场拓展计划委派给手下的一名项目经理负责，许可他为此成立一个"市场拓展小组"，全力完成这项工作，并给予相应的职权与协助。

　　这项委派已经过了一个月，这中间营销主管几次在办公楼的走道上遇到项目经理，他曾向项目经理询问计划进展的情况。他记得项目经理告知他计划进展比较顺利，但还需要一个月时间才能递交工作总结报告。除此之外，营销主管回忆不起听到了其他的信息，又由于手上的工作过于繁忙，这件事几乎从他的关注中消失，只等一个月后的工作验收。

　　电话突然从公司总裁办公室打来：

　　"最近，我频繁地得到反映，你的市场拓展项目人员似乎占用了公司太大的预算，却不能让人相信这都是值得的。有员工告诉我说，项目经理私自给他的小组成员太多的补助和提成，这已经引起了其他员工的不满，我不希望公司出现这种事情。我要求你尽快就此事向我说明一下。"

　　毫无疑问，总裁的话中透露出不满甚至是愤怒……

　　这对营销主管来说，是一个教训。他不得不放下手头所有工作来处理这件事情，市场拓展计划几乎宣告流产，这件事甚至引起了营销部不小的震动和混乱。

这让营销主管明白，委派授权并不意味着放弃自己的责任。

一旦你决定将工作授权给下属去完成，你当然要对他们充分地信任，甚至你应该做好充分的心理准备，如果下属犯错误，自己会来承担错误的责任。但这绝不意味着下属犯错误是值得肯定的，允许下属犯错误和防止他们犯真正危险的错误，这两点应该是并行不悖的。

放手让下属去完成委派的任务，并不意味着主管从此可以对这件工作不闻不问，因为，责任是无法授予的，不论你如何授权，责任始终都在你的肩上。

"将在外，君令有所不受"新解

根据《史记·孙子吴起列传》的记载，孙子本是齐国人，他写了兵法13篇后，就拿着这本兵法见吴王阖闾，阖闾问孙子说："你这13篇兵法寡人已经看过了，你能不能演习一下带兵的方法给寡人瞧瞧？"

孙子说："当然没有问题。"

阖闾说："可以用宫中的女人来演习吗？"

孙子回答："可以。"

于是阖闾就从宫中挑选了180个美女交给孙子调派。

孙子把这180个漂亮的宫女分成两队，又挑选了两位阖闾最宠幸的妃子担任这两队的队长。这些宫女领了兵器之后，就列队听孙子训练。

孙子训练这些宫女说："各位听着，我举起右手，你们就向右转，我举起左手，你们就向左转。听清楚了没有？"

宫女们回答说："听清楚了。"

规定完毕后，孙子就举起右手，这些宫女们觉得很好玩，不但没有依照规定向右转，反而哈哈大笑。

孙子说："下达的命令不够清楚，这是我的过失。"于是他再次将命令宣布给这两队宫女。然后举起左手，要这些宫女向左转。

但是这些平常懒散惯了的宫女还是嘻嘻哈哈不把他的命令当回事。

于是孙子说："命令下达不够清楚，是我的过失，但是我已重新下达过命令，大家还是不遵守命令，这是队长没有把队伍带好。"于是就下令把两位队长推出去斩首。

吴王阖闾在台上观看，发现孙子要把他的两位爱妃处死，可真是吓了一跳，就赶快下令阻止。他对孙子说："寡人已知道你能够用兵了，你不必把她们的头给砍下来，这两个妃子寡人最疼爱，如果没有她们两人，寡人就会觉得食不甘味，希望你能免她们一死。"

孙子回答说："臣既已受命为将，将在外，君命有所不受！"言下之意是非砍头不可。

于是这两位吴王的宠妃就照此被孙子推出杀了头。两个队长被惩罚后，又选两位宫女出来当队长，然后重新下命令。这一次，每一个人都乖乖地听话，没有一个敢违抗命令。

于是孙子就向吴王报告说："臣帮您训练的这些兵已经训练好了，请您下来阅兵，任由您调派，即使是赴汤蹈火，她们都会为您效命。"

经过这么一次演习，吴王阖闾明白了孙子的用兵之能，于是就任命他为将军。吴王之所以能够西破强楚、北威齐晋、显名于诸侯，孙子是最大的功臣。

这个古老的传说被现代管理学的学者们频繁地引用，最脍炙人口的莫过于孙子所说的："臣既已受命为将，将在外，君命有所不受。"

这句话被许多人引来例证"主管在授权时，必须彻底，但是对于授权后部属所做的一切，仍然要承担起责任"的所谓"授权的原则"或"授权的精神"。

而这恰恰是对"有效授权"的一种误解。孙子的这句话，如果用现代管理学的语言来说，就会变成"我既然已经授权充任主管，当我展开主管的业务时，来自上司的命令将可以不接受"。那么，一个极自然的推论是"你既已授权就不要加以干涉，任凭我做什么，是我的权力"。是否可以设想，吴王这样

"授权"给孙子，孙子若有二心，割据称王，或者孙子的铡刀不只架在妃子脖子上，而且架在别的大臣、卫兵脖子上，吴王恐怕也命在旦夕了。

授权不是"权力的过渡"，授出权力而不加控制，带来的可能是灾难性的后果。

管理学上的控制

控制不是授权独有的，也许授权之后，控制的重要性才凸显出来，但控制在一切管理之中都是必备的要素。

管理学家们对控制曾有过许多经典的论述：

M.K.巴达维说：管理的本质就是控制，控制是管理的"维生素"。

法约尔说：控制就是要证实一下是否各项工作都与既定计划相符合，是否与下达的指示及既定的原则相符合。

孔茨、奥唐奈称：控制职能意味着确立标准、衡量执行情况和纠正偏差等。

比特讲：控制是系统地制订标准，以此对照进程，必要时采取矫正措施，使工作纳入规则和预期的轨道。

罗杰·福尔克说：要实行良好的控制，有一条十分明显的首要原则，就是要使每个人都对自己的行为负责。

一位主管如果试图在自己的公司或部门设计建立一个控制系统，首先要回答的问题是以下四个：

· 应该控制什么？

· 哪些环节需要控制？

· 怎么控制？控制过程分为哪些步骤？

· 控制的主要办法和手段是什么？

控制的全部过程包含三个步骤：

确立标准

主管不能笼统地说"公司希望成本得到令人满意的压缩"，标准的三点要求是：客观、精确、适度。

对照标准衡量进展和业绩

一个精明的主管并不仅仅按控制标准来衡量员工过去做过什么，他要能事先察觉偏差可能发生在什么地方。

这种衡量常常是一件麻烦事，对有的工作来说，不仅难以制订标准，而且难以评价。例如，对财务副总经理或劳资关系部主任的控制工作就难以评价，这是因为明确的标准难以制订，这些主管人员的上司就往往凭借含糊的标准来衡量，诸如企业财务状况是否正常？工会态度如何，员工的工作热情如何等等。

纠正偏差

主管经常会对某个下属说："请你在近两天内合适的时间到我办公室来一下，我认为你的这项工作可能有些问题，我想，我们需要交流一下意见。"这时，控制的成效开始显现了，精明的主管总是这样在最恰当的时刻，把可能跑偏的骏马轻轻拉回最正确的轨道上来。

在现代任何一个管理出色的公司，你都很难想象，如果缺乏一个有效的控制系统，公司将如何运转。因为，现代公司已经变成一台规模巨大的机器，有着极为复杂的构造和结构，它的零部件难以计数，而这些零部件往往是充满活力的员工和员工团队，它拥有太多摩擦和出现故障的机会。

着手建立自己公司的控制系统，也许标志着你的公司管理的升级。而且，有一点是肯定的，如果你希望自己的公司不断成长的话，这项工作你迟早要做。

管理专家M.K.巴达维对控制系统经过多年的研究，给出了有效控制系统的十四点特征，可以为控制系统筹建者提供参考。

有效控制的特征：

- 控制系统必须满足管理活动的需要和特点

- 控制系统必须符合实际

- 控制系统必须记载所有的目标

- 控制系统必须能及时指出偏差

- 控制系统必须向有关人员准确报告偏差

- 控制系统必须着眼于未来

- 控制系统必须能够列举重大问题的特例

- 控制系统必须具有可靠性

- 控制系统必须具有确凿根据

- 控制系统必须具有柔性

- 控制系统必须是可理解的

- 控制系统必须提出校正措施

- 控制系统必须既反映个人责任又反映组织成果

- 控制系统必须讲求经济效益

授权中的控制

一位迟迟不愿过多授权的公司主管坦然承认："授权时，我会有一种失去控制的感觉，这种感觉阻止我将工作委派给别人去做。"

授权，在相当的意义上意味着放弃控制。显然，当你亲自来做这项工作时，你当然能知晓工作的进展情况，它能否按计划完成，它的实效与预期一致吗，如果不一致，应该如何调整工作的方式以确保目标的达成……当你将工作委派给别人之后，这些信息只能通过向下属征询才能得到。有时，你意识到不能确切地相信下属的话，你要寻找特殊的途径才能了解到关于事情的真实状况。

如果授权不会带来控制权的放弃或部分放弃，没有人会拒绝授权，而事实却恰恰是相反的。

一位主管出于"使工作富有效率"的原因决定授权，而"放弃一定的控制"的恐惧又会阻止他授权，这两种力量在主管的大脑中激烈地相互斗争以致达到妥协。

下面的量表可以帮助你确切地了解自己在"授权—控制权放弃"之间选择的态度。

量表：授权—控制权放弃

量表指导：基于"我是怎样的"而非"我应该是怎样的"，对各个问题凭直观经验和信念做出回答。根据你赞同的程度选择相应的分值，请不要遗漏项目。

命题	很赞同	赞同	中立	反对	很反对
· 我确信工作能像我希望的那样被完成时，我才考虑授权	5	4	3	2	1
· 我总是试图以不被下属发觉的方式检查他们的工作，以纠正他们的偏差	5	4	3	2	1
· 我对委派出去的工作不再插手，只等着检查结果，我认为这是合适的	5	4	3	2	1
· 我对授权下属的工作未能做好而感到失望	5	4	3	2	1
· 我认为员工缺乏我这样的责任心，我不指望他们能独立做好工作	5	4	3	2	1
· 如果这项工作我会比别人做得更好，我就不会交给别人	5	4	3	2	1
· 只有我的下属非常有能力时，我才会授权给他	5	4	3	2	1
· 我不会把我得心应手的工作委派给下属去做	5	4	3	2	1
· 常有这种情况，我委派给别人的工作总会又回到我自己头上	5	4	3	2	1
· 目前我没感到授权有什么益处	5	4	3	2	1
· 当下属经验缺乏时，我一般不授权给他	5	4	3	2	1
· 我发现当我授权时，我会感觉失去控制	5	4	3	2	1
· 我经常把工作带回家或下班后留在办公室	5	4	3	2	1
· 我只交给下属一些日常小事	5	4	3	2	1
· 我不希望因为授权而出现工作的失误	5	4	3	2	1
· 不管怎样，我试图得知关于下属尽量多的工作细节	5	4	3	2	1

量表运用指导：将你所选的分值相加，除以题目数，你得到分值在 1 和 5 之间的一个值，它表明你在"授权—控制权放弃"中的态度，分值越高说明你越在意控制权。但如果这一数值超过 4，我们的提示是：全面反思你对授权的认识，你对授权的理解尚且存在欠缺和盲点，或许，你对自己的控制能力并不是足够自信。

控制：授权主管的新角色

国外一位管理专家曾有过这样形象的说法：当一个企业只有几十个人的时候，老板必须带头干最苦最累的活；当企业成长到七八十人的规模时，有些事情老板就可以交代给手下人去干了，不必事事躬亲；当企业发展到数百人、上千人的公司时，老板只需双手抱拳，诸事拜托了。

有一位在工作中经常成功地运用授权的公司主管这样描述他的工作职责：我每天的工作成分，有 95% 是为了未来 5 年、10 年、20 年做预先计划，换句话说，是为未来而工作。至于那些已经试办并有成例的事很少插手，最多只管 5% 的事务，其余都归常任人员去负责，我只定期花少量时间检查他们的进展如何。

授权之后，主管的角色由工作的实施者变成工作的控制者，只有完成这一角色转换，授权才能走上合理、有效运行的轨道。

然而，并不是所有的主管都能意识到这种转变，他们还不知道怎样在具体工作之外，获取有关工作的重要信息，实施有效的控制。

当财务副总经理乔和总会计师杰克走进公司董事长、最高主管的办公室时，正碰上董事长大发雷霆，他吼叫道：

"为什么没有人把情况向我报告，为什么我不能知道这里工作的进展情况，为什么把我蒙在鼓里？没有人向我汇报过这家公司的情况究竟怎样。在公司的问题没有变成危机之前，看来我绝不会听到有谁向我提出我们的问题的。从今天开始，我要求你们两位设计出一种能够使我信息灵通的系统，并且我还要知道第二天你们将干什么。即使我要对这家公司负责，但我对必须知道的事情却一无所知，我也得要滚蛋。"

乔离开董事长的办公室时，他转向总会计师杰克，嘀咕起来："真是蠢货！他想要知道的，或者他可能需要知道的一切都有报告，就陈放在他的办公桌后面的文件架上。"

控制技巧之一：命令追踪

许多主管在授权之后，常常忘记自己发出的指令，如果他不能清楚地记住自己最初授权时同下属商定的工作计划，他就永远不可能说："杰克，你确定我们的工作没有偏离计划的轨道吗？""杰克，事情的进展是不是遇到什么麻烦了，因为它似乎没有我们设想的那样快，你能说明一下情况吗？"

对主管来说，对于已发出的命令进行追踪是确保命令顺利执行的最有效方法之一，是经常采用的控制手段。

命令追踪的方式有两种：

·主管在发布授权指令后的一定时期，亲自观察命令执行的状况；

·主管在发布授权指令的同时与下属商定，命令下达后，下属应当定期呈报命令执行状况的说明。

主管在命令追踪中常见的误区是，他们没有把注意力放在恰当的方面，他们总喋喋不休地询问："汤姆，你的下属似乎有些太过随意了，我以前做这件事时，事情不会是这样的。""汤姆，你的档案太乱糟糟的了，你难道不能让手下花些时间整理一下吗？""汤姆……"他没有听到，汤姆的心里正在嘀咕："这个老讨厌鬼，这点小事也要过问，还口口声声授权呢！"

主管在进行命令追踪时，必须首先明确，他追踪的目的在于：

·控制命令是否按原定的计划执行

·审视有无足以妨碍命令贯彻的意外情况出现

·考核下属执行命令的效率

·反思、检讨主管本人下达命令的技巧，以便下次改进命令下达的方式

基于这样的目的，高明的主管在命令追踪中，就不会像那个"老讨厌鬼"一样只注意细节，他的目光会集中于：

·下属所履行任务的质与量

·工作进度

·工作态度

·下属是否有发挥创造性的余地

·命令是否合适，有无必要对命令本身做出修正，或下达命令取而代之

·下属是否确切地了解命令的含义，并按命令的精神完成任务

控制技巧之二：有效的反馈

并非所有的主管都能用最恰当的方式向下属反馈他在命令追踪或其他控制中发现的问题。

主管们希望下属的工作进展与预期一样，甚至比预期的更加顺利，但如果他发现事实果真如此时，他却常常吝啬于对下属说："杰克，你干得棒极了，我真为你感到骄傲。"虽然他很清楚，如果自己这样说的话，下属一定是很高兴的。

吝于赞美几乎是人性的一个弱点，这使得主管们总是难以让下属获得良好感觉，就工作动力来说，这无疑是一笔损失。

更多的时候，主管们会发现下属的工作总存在或多或少的偏差，对于如何把这些讯息反馈给下属，他们常常感到为难。

"杰克，我认为工作的进展很让人忧虑，你的部下似乎并没有给予足够的重视，他们的工作态度不够让人满意……"

主管直言不讳地向部属表达了他的意见，他希望借此引起下属的重视，并有所改观。但事实却相反，杰克在走出他的办公室时窝了一肚子的火："进展稍慢是有客观原因的，我的客户临时撕毁了一份合同，我正很棘手地处理这件

事情。而且，我并不认为这对任务的最终完成有什么了不起的影响，我们会很快地改变这种状况。至于我的团队，我认为大家很团结很合作，我没有感到大家不用心，我们只是在以一种不同于以前的方式工作，我相信这对工作是有利的……"

积极的反馈总是易于被下属接受，因为人们对于好消息的需求总是不会饱和的，但坏消息无论再少也总显得"太多"。因此，消极的反馈是需要技巧的。如果你确实感到坏消息非要告知你的下属，在开口之前，你应该仔细设计你说话的方式，尤其当你是一个处于中层或低层，刚刚接手管理工作，经验尚缺乏，威信没有完全树立的主管时，这种考虑更显得必要，因为对你来说，消极的反馈被抵触的可能性更大。

有效的反馈需要把握如下要点：

反馈应具体化而非一般化

对下属一般化行为的笼统评价常常缺乏说服力，如果你确实要评价下属工作团队的工作态度，你应拿到考勤单，说明下属员工过于散漫，而且这种工作态度对工作业绩确实产生了不良的后果。

反馈依赖数据说话

不要在"事实"上与下属发生争执，如果你认为工作进展"很糟糕"，而下属认为工作进展"还不太坏"，这将是最糟糕的事情。你要到财务部门、考勤部门、销售部门等地方获取能够用于证明工作进展情况的数据。你可以对下属说："约翰，我从财务部得到你的财务报告，你本月的办公费用超出预算40%，我认为你有必要做些解释。"

反馈要针对事件而不是针对人

作为主管，当你发现你把一件重要的工作交给下属去负责，而他把事件弄得很糟糕时，你的气愤可想而知。当下属被你叫进办公室时，你很可能有一种强烈的冲动对他吼："你太令我失望了，你怎么把事情搞得这么糟，你根本没有能力做好这件事……"即使你真的这样吼叫一通，细想一下，这样做除了重创下属的自信心和把你同下属的关系搞僵之外，还能有什么作用呢？对于工作来说，责备人于事无补。何况冷静地想一下，或许把全部过错归在下属头上并非完全公平，或许事情还没有糟到不可挽回的地步。就事件本身把你的不满告知下属，共同探讨补救的措施，这样做，更像一位高明冷静的主管的做事方式。

把握反馈的良机

距离发现下属工作中的问题已经一个多礼拜了，主管这才把下属叫到办公室，告诉他你的意见是什么，这显然并不合适，因为这时，下属已经着手进入工作的下一个阶段，他不得不退回来，对一个礼拜之前的工作进行改进，下属会感到厌烦，即使你的反馈是正确的，它被完全接纳的可能性却降低了。相反，如果你对下属工作中可能存在的问题刚刚有所察觉，却尚未获取足够的信息证明这种察觉确有实据，这时急于反馈同样是不明智的。反馈的最佳时机显然是这样一个时刻：你拥有充分理由证明你的观点，你足够冷静，下属正在思考这一问题，这时的反馈常常能取得最为良好的效果。

反馈是确定的、清楚的，可被准确理解的

许多主管把反馈变成了抱怨，似乎缺乏一个主题，他的不满好像有很多，涉及下属工作的许多方面，而每个方面又谈得很模糊，下属努力听清主管说的每一个词，却并不理解主管的确切意思。下属满心沮丧地走出主管的办公室时，他一点儿也不知道，有什么事情需要他去改进。

控制技巧之三：监督进度

授权使你的控制发生了微妙的变化。因为授权，你对工作及局面的控制实

际上是退后了，这反而使控制在授权中的地位得以凸显，你必须使自己的控制技巧更加高明，才不至于使工作陷入失控状态；同时，因为授权，你得以从具体烦琐的事务性工作中腾出时间来，其中的一部分将被用来监督委派出去的工作，这几乎成为你对这些工作负责的唯一有效的形式。

一个有效的授权主管会根据授权，对自己的控制技术做细致的挑选和改造，以适应授权这种特殊的管理形式。照搬一般性的控制技术，往往适得其反。

授权中的控制技术包含：

监督工作进展，尽量避免干涉下属的具体工作

你必须知晓工作进度是怎样的，在工作中发生了哪些值得关注的事件。尽量避免因为你的检查而妨碍下属工作，这不利于下属按计划做事情，也不利于建立你们之间的信任关系。因此，你要把握这种监督的具体形式和检查频度。

提出意见或提醒，前提确有必要

如果你能确定下属的工作偏离了预定的计划太远，或者预见到按照目前的情况发展下去，局面可能变得难以收拾，你有必要向下属提出警示，并确保你的意见被下属理解。一种好的形式是，仍然提出一种开放性的问题，你可以询问下属："你认为采取什么措施可以避免这种糟糕的结果出现？"提出意见的前提是"确有必要"，下属员工很可能是以一种不同于你的工作方式在完成任务，但干预他们的具体工作方式常常是不明智的。

确认绩效，兑现奖惩

管理心理学的研究表明，如果目标需要较长的时间才能达到的话，目标设立之初的动力会随时间推延而降低，直到接近目标的最后实现。因此，高明的主管应在下属的动力减弱时，及时地为下属加油，补充推动力。加油的有效形式之一便是确认绩效，兑现奖惩。这需要主管同任务承担者一起，依照原先设

定的绩效标杆，来评价工作的进展，对于出色的工作要给予充分的鼓励，对于不足的工作提出意见。精神推动如果结合物质奖惩，效果会更好。

控制技巧之四：全局统筹

无论集权还是分权，主管们总是怀着这样的信念：要控制全局，使自己的公司、部门按照自己的意愿运转。

实行集权的主管有自己的理由，就如恩格斯曾经说过："不论在哪一种场合，都要碰到一个表现得很明显的权威者。"就像在汪洋大海上航行，"在危险关头，要拯救大家的生命，所有的人就得立即绝对服从一个人的意志"。

当然，也许一位主管固执地坚持集权的理由只是出于对掌握权力的渴望。但是，如果通过授权的方式，在相对轻松的工作压力下，仍然握有对部门全局的大权，不至于"大权旁落"，那么，授权无疑是一种令人愉悦的选择。而实际上，授权把主管们从具体事务中解放出来，使他们有更多的时间和精力思考全局的问题，他们往往比事事躬亲时更能统筹全局。

有效的全局统筹会在三个层面上进行：

对组织的控制

高明的主管常常采用纵向画线、横向画格的管理模式来实现组织控制。纵向画线即界定各部门对上、下的权限，横向画格即界定下级各部门之间的权限。这种界定的结果是：各部门在宏观上纳入自己的控制轨道，在整体规定的线路上按部运行，在微观上使他们在画出的方格内充分享受自己的权利，灵活有效地运转。使各部门既处于自己指挥之中，又不能成为指挥不动的"独立王国"。

对工作的控制

主管对工作的控制表现为静态和动态控制。静态控制是对工作目标、工作计划、规章制度的制定做到心中有数；动态控制是在工作过程中，为预防和纠正失误、偏差而采取的指挥、调整和协调手段。

对员工的控制

主管们往往对控制"人"感到头疼，在对人的控制上，更显示出主管们"方法与艺术结合"的能力。有效的员工控制，会在三个方面施加力量。

控制势态的制造。孙膑有言曰："兵之胜在于篡（选）卒，其勇在于胜，其巧在于势"，其含义即"兵之势胜"，主管将自己的影响力渗透到公司的每一个细节，对员工的控制就不战而胜了。

控制时机的选择。主管向下属说同一句话"杰，我认为你可以做得更好"，在不同的时间、地点、状态下可能产生很不相同的效果。高明的主管能够避免在"时机未到"和"时机已去"时施加控制，而是在最佳时机到来时，牢牢地抓住它。

控制程度的把握。对员工的控制既要坚决果断，又要防止粗暴武断；既要讲求时效，又要防止操之过急；既要反应灵敏，又要防止"神经过敏"。高明的主管会懂得在"过"与"不及"之间寻找最恰当的点。

控制技巧之五：授权的撤回

管理专家 M. K. 巴达维曾有名言："没有时间去做对其事，但总有时间去结束其事。顺其自然，事情总是从坏变得更坏。"

主管们在授权撤回上的犹豫不决常常是造成糟糕局面的重要原因。在特定的情况下，授权的开始与授权的撤出同等重要，甚至后者更有意义。

主管在授权后的监督检查之中，有时会发现，下属的行为已经远远偏离了预定的计划，甚至已经造成了损失，而且预示着更大损失的降临。

原因可能有很多：未曾预料的事件发生，下属重大判断的失误，等等。但是这时寻求原因已经没有意义，如果还来得及的话，你要做的，是立刻终止授权，亲自接管工作，在已经造成损失的前提下，谋求可能得到的最好的结果。

授权的撤回还可能基于这种理由：主管人员的授权，并不是将该权限作为永久性的处置，授权总是在一定的时间区间内生效。

授权的撤回表明授权过程的完整结束，既然授权是一种严肃的管理行为，你就有必要以恰当的形式对待它的结束，就如对待授权的开始一样。你要让你的员工相信：我们在善始善终地完成一件非凡的事情。

评估：你掌握了高超的授权控制技能吗？

如实地回答下面的问题，这有助于你对自己的授权控制技能产生深入的理解：

· 当你不在场时，你的下属是否仅仅限于维持例行性工作？

· 授权后，你是否仍然为授出的工作花太多时间，而没有时间做计划？

· 你是否对受委派的工作细节太过用心？

· 你的下属是否经常要等待你示意"行动"时，才敢着手做较重要的工作？

· 你是否经常突然发现下属工作竟然存在如此大的危机，而你在此之前毫无觉察？

· 你的下属是否有意避免向你提供意见？

· 你的下属员工中的小团队是否常有冲突，以致影响到任务的完成？

· 你是否经常抱怨下属没有按原定的计划完成授权的工作？

· 你的下属是否只是机械被动地执行你的命令，而不具备主动工作的热情？

· 当你把手上的多项工作交给下属去完成时，你是否感到自己无所事事？

· 如果你要求受委派的员工做出工作上的改进，他们是否常显得不那么乐意接受？

· 你是否感到你对授权的工作失去了控制？

· 你是否经常感到下属汇报工作时有所隐瞒？

· 你是否经常因为向下属反馈负面意见，而弄出尴尬的场面？

· 你是否听到过下属抱怨你对他们的工作干涉过多，或你没有及时兑现奖赏的承诺？

如果你对上述问题中的部分或全部做肯定回答的话，我们的提醒是，你需要增进你的控制技能，或对你的"控制意识"做出反思与调整，以使你的授权控制技能尽善尽美。

第 8 章

目标管理：一种特殊的授权形式

企业所需要的是一种能充分发挥个人的长处和责任心，能统一各种见解和努力，能建立起集体协作、协调个人目标和公共利益目标的管理原则。目标管理和自我控制使得公共利益成为每一个管理人员的目标。它把外部控制代之以更严格的、要求更高、更有效的内部控制。它激励管理人员行动，并不是由于别人要他做什么事或告诉他去做某事，而是由于客观的任务要求他行动。他采取行动，并不是由于别人要他行动，而是由于他自己决定他必须采取行动——换句话说，他是作为自由人而行动。

——彼得·F.德鲁克

目标：授权的奥秘

∙∙

一位公司业务主管接纳了管理专家的建议，在他的管理工作中广泛地采取了授权的方式，工作的成效总体上也是令人满意的。但是，在经过多次授权之后，这位主管发现一种现象：他的授权对象基本上是手下的五六位项目经理，每次授权之后，由他们组成自己的工作团队，制订完成交派工作的计划方案，然后去完成工作。但是，正是这些项目经理，似乎对每次授权的态度并不总是一致，甚至有很大差异。有时，他们接受任务之后踌躇满志的神态难以掩饰，急切地希望带领自己的团队大干一场；而有时，他们则显得不那么兴奋，只是平平淡淡地接受了一份并不重要的工作的样子，他们回到自己的办公室后，似乎也不怎么急于研究制订作战计划，召见自己的精兵强将。

也曾经有几次，在授权任务完成的总结会后，业务主管甚至隐约听到了项目经理的抱怨："公司太吝啬了，我们做得如此出色，得到的奖赏却如此之少。"而在总结会之前，业务主管还满心以为，他的奖励计划一定会让他的项目经理们倍感振奋呢！

业务主管心想，一定是有什么东西使得他和下属之间存在认识上的偏差，他原本以为足够高的奖励，却远远未达到下属们的期望。那么，造成偏差的原因来自哪里呢？是自己的吝啬或下属的贪婪吗？不是的，一定还有原因藏在背后，而我们必须找到这个原因。

业务主管关上办公室的门，开始仔细地回忆起每次授权的情形，而下属对这些授权的方式曾表示出不同的兴趣。

记得有一次他说："杰克，你负责这个季度 A 产品的推销工作，希望你加油干啊，公司对你抱有很大期望。"

而另一次他说："杰克，公司决定由你负责 B 产品在 C 地区的推广，我们希望能达到 40% 的市场占有率，过去我们一直在接近这一目标，但一直未能达到，公司希望你带领你的团队攻克它呀。"

他也记得有一次，他说："汤姆，告诉你的团队，如果大家能出色地完成这次销售任务，公司会给大家提供奖励的。"

而另一次，他这样说："汤姆，我们应该先商定一下你和你的团队的奖励计划，本季度实现 50 万的销售利润是预定的目标，但如果你能带领大家实现超过 50 万的利润，公司将从超额部分中抽取 5%，用于对你和你的团队进行奖励。如果你们的超额足够高的话，提取的比例还可以提高，这需要我们进一步商定。"

……

业务主管发现，正是他每一次授权的方式决定了下属的积极性和授权的成效，每当他设定一个明确的目标，而这个目标又显得富有挑战性，总能引起下属员工的极大兴趣。他们似乎对于实现目标对他们的绩效考核有什么意义，也显示出格外的关注。

在此之前，业务主管曾经有意无意地做到了这一点。但在这番思考与发现之后，他明白，他摸索到了授权中的一条要诀，在将来的每次授权中，他都将尽力按照这条要诀去设定一个目标。

目标的妙用

罗伯特·F. 梅杰说："如果没有明确的目的地，你很可能走到不想去的地方去。"

爱默生说："当一个人知道他的目标方向，这世界是会为他开路的。"

霍姆斯说："世界上最伟大的并不在于我们从哪里开始，而在于我们向着哪里迈进。"

曾经有人问一个马拉松长跑的世界冠军，到底是什么秘诀使他连续多年保持着这项桂冠。每次比赛，不论开始处在中间还是后面，他总能有条不紊地一步一步超过所有对手，第一个冲向终点。这其中，除了体力和毅力，还有什么在支撑他？

这位马拉松冠军想了一想，说："我只有一个秘诀，那就是我善于给自己设立目标。在我听到马拉松的发令枪后，我看到前面有一棵树，我就想，我要首先跑到那棵树；等跑到了，我又看到前面几百米处有一所红房子，于是我想我要向那所红房子进军；之后，我又看到了一个牵骆驼走路的庄稼汉，一片金黄的油菜地……这些都成为我的目标。实现一个目标，我会感到全身力量顿时增加了许多，迅速地投入下一次追逐。那些漫无目的，或者把脚下的漫长道路、天上的一片彩云作为目标的对手，总会被我远远地落在后面……"

这就是目标的妙用。

高明的主管明白这个道理，他们总是不失时机地把目标引入他们的管理。在管理上，目标会有至少四种作用：

目标使你的管理方向更明确

一个精于授权的主管会发现，在授权之前，他亲自去做那些工作过程中的小事，是多么的不明智！对他来说，他最关心的，其实只是一个工作的结果。如果能设定一个目标，然后让下属朝这个目标努力，他其实并不关心下属是采用哪种具体方式达成这一目标的。目标使他的管理从盲目中走出来，寻找到了自己该去的方向。

目标可以激励你的员工

高明的主管们发现，如果给员工一个想要的、又富有挑战性的目标，他们会主动地调动自己的潜在能力来实现这个目标，他们往往能取得令主管和他们自己都吃惊的好业绩。如果我们把目标变得有层次而又连续升高，下属员工会在不断的实现阶段性目标中获取成就感，从而保持持久的动力。

目标能凝聚你的团队

有一家规模巨大的公司中，部门之间、成员之间发生冲突的可能性几乎无处不在，但它却始终保持很高的凝聚力。有人问这家公司的总裁，是什么方法使员工紧紧地抱成一团，使组织成为一个坚强的战斗团队。总裁想了一想，说："我们从来没有失去目标，即使公司内部暂时没有大型的项目、计划，我们总能从我们的对手、潜在的危机中选择一个目标，我们的员工团队始终会感到：我们正在为一个共同的信念而奋斗，我们必须团结协作，否则我们会败给对手，被人击溃甚至被人兼并。我们必须紧紧地抱成一团。"

目标是考核员工绩效的尺子

许多主管并不让他的员工知道，公司将怎样评价他们的工作业绩。即使为员工设定了目标，也没有明确地告诉他们，目标达成的程度和质量会如何影响他们的奖惩。以致员工们并不能确切地知道，完成目标与否到底会有什么结果。当目标达成了，员工可能依据自己的理解，对公司应给予的奖赏有一个期望值，如果公司实际给予的未能达到这一期望值，他们也会感到沮丧甚至不满，即使这种奖赏可能已经足够高了。明确地让员工知道，公司将依据员工完成目标的水平来考核他们的绩效，上述的情形会在最大程度上得以避免。

特殊的授权：目标管理（MBO）

L. 佩里戈公司 (L.Perrigo) 是美国密歇根州的一家常用药和美容药品制造

商。当威廉·斯瓦尼接任公司总裁后，他发现公司仍然依赖传统的目标设定方法。管理者们只是设定一些模糊的目标，如"保持与客户的联系"和"定期检查绩效"等。而威廉认为，这样的目标设定形同虚设，真正的目标应确切地说明他的管理者们和雇员们期望实现的目标，它将起到激励的作用而不是恫吓。于是，威廉着手建立一套参与性的目标设定系统，每一位雇员自己找出 10 个以内的关键性改变，这些改变将使他们的工作更有成效。然后，每个人依据各人具体职责设立具体化的、定量的目标。例如"在合同批准后 2 周内提交项目预算""交付项目的总支出不得超出预算的 3%"等。

威廉·斯瓦尼采用的正是目标管理 (Management By Objective)。即由下级与上司共同决定具体的绩效目标，并且定期检查完成目标的进展情况，而奖励则是根据目标的完成情况来确定。MBO 不是用目标来控制，而是用它们来激励员工。

目标管理是授权管理的一种具体形式。按照这种管理方法，各级主管在一定期限内都应有组织和个人的工作目标。目标制订后，主管依据目标内容对下属员工授予用人、用钱、用物之权，使下级员工能运用这些权力尽力完成所定的目标。主管只用目标管理下级，在期限内或到期限后，依据目标对下属进行检查与考核。

MBO 最早在 20 世纪 50 年代中期出现于美国，以泰罗的科学管理和行为科学中的参与管理理论为基础形成。

彼得·F. 德鲁克把 MBO 正式引入了现代管理丛书。早在 1954 年，在《管理的实践》一书中，德鲁克就提出了"目标管理和自我控制"的主张，把目标管理发展成一个完善的体系。目标管理特别适合对主管人员的管理，被称为"管理中的管理"。在德鲁克之后，目标管理在美国，继而在全球管理界风行一时。

目标管理有 4 个构成要素：

明确目标

许多的主管也为自己和下属制订目标，但他们只是说"我们的销售额要有较大提高"，而不是说明"我们的销售额要比去年提高 10% 还是 20%"。除非主管人员订立的目标是明确的，否则我们不能期望目标能对你的员工起到积极的引导作用。就像灯塔在远方时隐时现的话，你会越走越不能坚信自己的方向。

参与决策

主管们引入 MBO 时仍然沿用过去的办法：自己订立了一个计划，让秘书打印出来，等下属走进办公室时，递给他说："你们就按计划去做吧。"MBO 是一种参与管理的形式，让员工参与，不仅是出于尊重，更重要的是，要使他们对目标产生兴趣和信心。

规定期限

不要告诉你的下属"一年后，我们要达到什么目标"，如果确实是必要的，也要把这一年分成几段。一个具有吸引力的目标可能会因为实现它的道路太过漫长而失去意义。要把目标的达成与验收限定在一个明确的、长短合适的时间区间内。

反馈绩效

主管们往往不能意识到反馈下属工作绩效的重要性。如果你发现下属的进展是顺利的，你可以说一句"恭贺你们有个好的开始，第一个月你们的利润比去年的这个月增长了 10%"；如果你为下属的进展感到担忧，把你的忧虑告知下属："事情好像不那么顺利，你们应该找一下原因的。"记住，这么做十分必要。如果你不能及时地把你的看法告诉你的下属，他们会觉得你根本不重视这件事，他们也会心气低沉，而事实上，你一直在关注着事情的进展。

制订 MBO 计划

你现在可以着手建立你的 MBO 计划了。这个计划会引导你和你的部门、员工进入一种新的管理方式。这种管理方式以一种操作化的步骤为部门、个人设定目标，按目标行动，依据目标进行考评。

MBO 全程图解

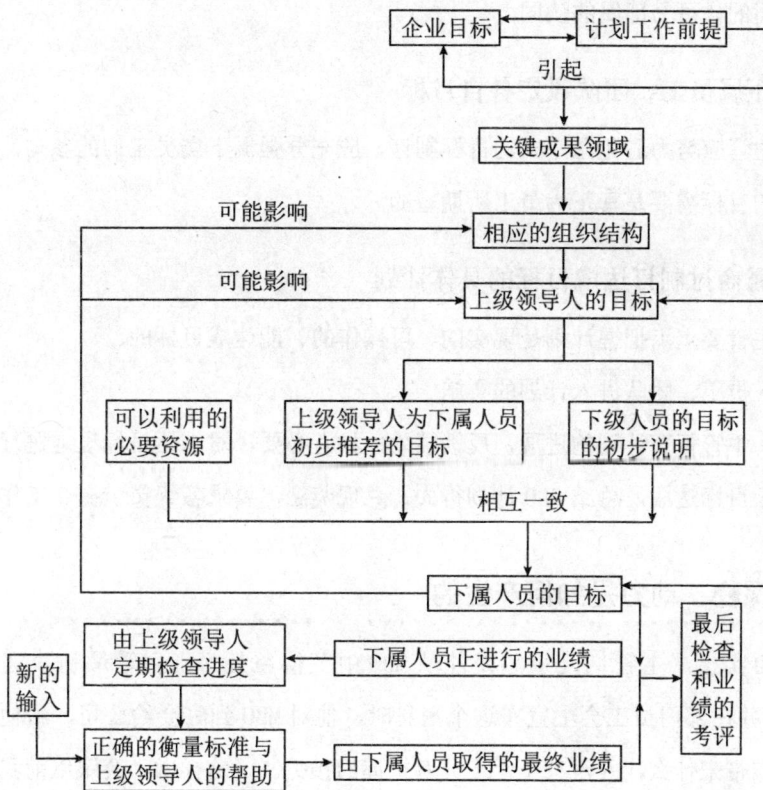

主管在制订 MBO 计划的过程中，他的精力应集中在如下的关键性环节上：

确认背景与战略

作为 MBO 计划的制订者，你可能处于公司的最高层，那么你对公司总体使命的界定将一层层对下属的 MBO 计划产生影响，你为公司确立的战略将成为各层 MBO 计划的依据；如果你只是一个中层、基层的主管，你的 MBO 计划第一步是确认你的 MBO 所处的背景，包括公司总目标、部门处境、战略等。

确立部门总目标

依据公司目标、战略、项目或工作特征，形成部门的总目标。部门目标的设立要引入上级领导的意见、听取部属的意见。尤其是处于中层的主管总要谋求上司的认可与部属的认同。

带领下属员工、团队设定各自目标

主管应努力避免命令式的目标制订，应充分强调下属员工们的参与，最终形成的目标需要是真正为员工所期望的。

与下属商讨制订达成目标的具体计划

主管要重点把握计划是现实的、可操作的、能达成目标的。

- 员工、团队进入计划的实施
- 主管督查计划的进展，反馈绩效，如有必要，对初始目标设定进行调整
- 目标达成，总结 MBO 计划得失，兑现奖惩，要求各级员工提交工作报告

MBO 探秘：动力是如何产生的

事实上，主管们几乎总是能从 MBO 中获得益处。当主管最初决定实行 MBO，并在部门员工会上宣布这个消息时，他对 MBO 到底会给公司、给他和他的下属带来什么，并没有一个十分有把握的预见。"这样做，会跟以前我们的做法有什么本质的不同吗？员工们会欣赏 MBO，来认真对待这件事情吗？"他在心里这样问自己。

开始时，主管向大家宣布："我们的部门到年底应成为什么样子。"之后，他要求下属每个人、每个工作小组都依据这个总目标确立自己的具体目标，而

且要求目标尽量以清晰明确的语言表达。他要求大家提交一个初步的关于目标的设想，并且提醒大家，这个设想计划应该简明、直接切入主题，要一改过去文风含糊、拖拉的习惯。

最初的两周，他分别约见各工作小组的头目和基层主管，甚至个别员工，他对他们说：

"鲍勃，你的小组到底要达到什么目标？你需要把它想得更清楚，我认为现在的说法太含混了，对我们没有好处。"

"约翰，你说力争本季度把A产品的市场占有率由目前的15%提高到18%，我认为这太保守了些，我仔细考虑过，本季度我们有一些有利的条件，应该抓住机会，抢占这个市场，你能再认真考虑一下吗？"

"杰克，你的MBO计划我看过了，我认为你们的目标定位是合理的，下一步我们要一起把行动计划制订出来。"

……

他发现，这样一来，几乎所有的员工都在思考，在他的指导下，他们陆续提出了自己的目标，又在与他商讨之后，形成了具体的行动计划。

接下来的一段时间里，主管明显地感觉到他的部门正在发生某种静悄悄的变化：许多员工会提前来到办公室，下班时间已经过了，许多员工仍在办公桌前忙碌，而在此之前，下班前5分钟时，已有许多人在悄悄整理皮包；员工们似乎开始更加负责任，他们不再像过去那样经常把过失推诿给同事甚至上司；他们更加关心工作业绩，甚至盼望主管的定期检查；他们对自己的工作了如指掌，他们清楚地知道下一步要做什么……

这些变化让主管感到惊讶。更重要的是，员工们的变化让他意识到，他的管理风格与方式也应该做相应的变化，而这种变化使他从烦琐的事务中解脱出来，使管理成为一件令人赏心悦目的事情。

这正是MBO带给组织、主管和员工的动力。这些动力来自于MBO本身的特性：

MBO 是主管和员工的全面参与

MBO 中目标的制订有两个要点，一是目标的层次分明，每个人的行动直接促成总目标的实现；二是上下级共同协商确定目标，目标的实现者同时成为目标的制订者。MBO 使得管理真正成为"团队游戏"。

MBO 促成授权

在规模庞大的公司组织内部，集权与分权的矛盾总是一个潜在的干扰，推行授权而保持良好的控制是主管面临的难题。MBO 将管理的注意力引向工作业绩，通过员工自我的努力达成总体目标，无疑促成授权的顺利推行。

MBO 强调"自我控制"

巴纳德说过："目标管理的最大好处是，它使管理者能够控制他们自己的成绩，这种自我控制可以成为更强烈的动力，推动他尽最大的力量把工作做好。"德鲁克也指出，目标管理的主旨也在于用"自我控制的管理"代替"压制性的管理"。

MBO 崇尚绩效第一

主管们几乎都有过由于对员工表现的评价不被员工信服而引起不愉快的经历。MBO 提供了完善的目标考核体系，崇尚绩效第一，使主管们对员工的评价考核更容易得到员工的接纳。

目标设立的艺术

"一位高明的主管，必然会对目标的设立有深刻的理解，并深谙其中的艺术。"

对于 MBO 来说，目标的设立代表了它的灵魂。设立目标的成败与质量决定着 MBO 及管理的成败与质量。目标设立的艺术在于：

目标应有挑战性

如果你希望员工们能有所突破，只有一个办法：把标杆横在他们从未达到过的高度。当然聪明的主管不会把标杆放得太高，以致超出员工所能。

目标的多样化

员工的绩效常常不是用一个目标就能衡量的。为了追寻高的销售额，员工们可能会投入过多的交际费用。目标应是多样化的，其中又有主次之分。

目标的网络化协调

员工们的工作可能很简单：达成个人的目标。而主管则必须考虑得更多：员工们的分目标如何组成部门的总目标。因此，主管要对所有下属的目标构成的网络进行梳理，协调关系，消除矛盾冲突，使员工们的目标能够正向相加，而不是相互抵消、冲减。

目标是可考核的

在 MBO 计划完成时，"目标是否达成"的判断是确定的、公认的。目标必须是可考核的。主管们应尽量避免说"目标是获取合理利润"，而应说"目标是实现投资收益率 15%"。

目标应包含长期规划

应该让员工看得更远一些，目标不单是为眼前的一点事情而设。要让他们明白："我们是在向一个更长远的目标迈进。"这样，员工对于近期的目标会有一个更透彻的理解，他们不会为了实现短期目标而为长期目标的实现埋下麻烦的种子。

透视：企业可能设立的总目标

一家企业在它的总目标中可能包含下面一些内容：

- 获取一定水平的利润率和投资收益率

- 以一定的代价和时间开发出某种新产品

- 企业在股票市场上的业绩

- 通过利润再投资和银行贷款来筹措资金

- 按产品细分的市场占有率

- 在国际市场中达到一定销售额

- 保持优势产品的竞争价格

- 在本行业中的地位攀升到一定水平

- 遵循企业经营业务所包含的社会价值

- 企业招收具备一定素质的新员工并增加其培训

- 企业进一步树立公众形象

- 企业规模不断扩张

评估：目标设计是合理的吗？

　　作为主管，你为自己设立了目标，协助你的员工建立了各自的目标，正准备由目标扩展出一套具体的实施计划。

　　或许，你应回到办公室，关上门，静静地想一下："我对自己及下属的目标设计果真是合理的吗？"

　　下面是一张主管人员目标设计评估表，根据目标设立的状况，回答各小问题，如果回答是肯定的，在题后画"○"：

评估量表

- 目标是否包含了工作的主要特质？

- 目标是否是多样化的，是否有主次？

- 目标数目合适吗？

- 目标是可考核的吗，计划完成时会不会引起争论？

- 目标是否规定了生产的数量、质量、时间、效率？

- 目标是有挑战性的吗？

- 目标之间是协调一致的吗，目标的和是总目标吗？

- 目标中包含长期规划吗？

- 目标的确有实据吗？

- 目标的表述是否清晰？

- 目标得到了下属的认同吗？

- 目标能否随时提供反馈，及时纠正偏差？

- 所有目标的实现是公司资源所允许的吗？

- 根据目标完成的质量，设计好奖惩措施了吗？

- 目标是否对公司和个人发展确有益处？

在画"○"的地方，代表"Pass"，而对于没能画"○"或者你曾犹豫的问题，你需要再仔细考虑。它表示：你的目标设计还存在可以改进之处。

探讨：目标是控制，还是激励？

"目标的设立，是为了控制下属，还是激励下属？"

对于这一问题，管理学者们常常不去细想或者走向折中的回答；实施 MBO 的主管们却常会有更深刻的理解。

一位主管曾开玩笑说，MBO 意味着用目标来操纵和控制下属，他的理由如下：

- 当主管和他的下属商定目标时，主管的脑海中不可能没有对目标的大体估量，他出于总体目标的要求，认为下属的目标会有一个基本的范围。

- 主管不可能接受低于心目中水平的目标，即使下属不赞同，他们与主管上司讨价还价的可能性很小。

- 在所谓的"共同参与"中，主管总是赢家，他们总是诱导下属确立一个高的或更高的目标。

下属不可能真正参与目标的确立

这也许存在于管理的实践之中，但它不代表 MBO 的真正精神。

这种错误可能部分出于 MBO 的难度，部分出于对 MBO 的误解。MBO 的真正精神在于将目标作为一种激励因素，让员工确切地了解公司对他们的期望，使他们参与自身目标的设定过程，将实现目标的进展不断地反馈给他们，根据实现目标的情况对他们进行奖励。

MBO 强调员工的参与，是"真参与"而非"虚假参与"：

•员工对强加于自己的目标不会产生大的兴趣，过高的目标不会促发他们的潜在能量。

•员工并不是懒惰的，只要引导是科学的，他们同样会对自己提出高的要求。

•员工将决定达成目标的途径，主管只是给予指导，而不是过分地干涉。

•员工明白，他们的努力程度关涉他们的奖罚。

MBO 的斟酌使用
· ·

"MBO 总是有效的吗？它是否也有盲点？"

"MBO 的缺陷在什么地方，它们是可以补救的吗？"

"在 MBO 的功效背后隐藏着它的弱点吗？"

……

爱思考的主管们会自然地产生这些疑问。他们不相信有完美的管理策略存在。当鼓吹者把他们推崇的东西描述成完美之物时，聪明的主管反而会更加清醒。

MBO 并不总是神奇的，它有自己内在的弱点：

能期望所有的下属同你一样理解 MBO 吗?

如果下属不能真正理解 MBO，只剩下你一个人摇旗呐喊，下属不可能真正参与 MBO，你的努力将事倍功半。而一层一层地向你的部属、团队宣讲 MBO 是什么、有什么用、怎么起作用，并不总能得到良好的效果。

目标设计总是可能的吗?

当主管们致力于将目标用数量化的、可核定的形式表述时，他可能正在陷入另一个误区。过于重视结果，尤其是经济性的结果，可能会破坏团队的文化。为每一位部属确立既有挑战性又不太困难的目标，并非一件易事。

目标网络的协调容易吗?

主管为了使下属加倍工作，把目标、超额的奖赏规定得很高，随之而来的问题是：组织内的冲突直线上升，员工团队为工作和利益互不相让。主管们在协调上花费的时间似乎太多了，而更糟糕的是，员工们不再如以前和睦。

短期目标与长期目标可调和吗?

主管们常常发现，不论是对下属还是对自己来说，订立长期性的目标是如此困难。当他回顾自己订立的目标时，他常惊讶地发现，他所确定的目标很少有多于一年的，往往是一季甚至更短些——尽管他曾提醒自己"目标中应包含长期规划"。强调短期目标显然是危险的，员工们会耗用过多的资源完成目前的工作，他们并不负有长期规划的责任和动力，而主管却显然不能如此。

目标足够灵活吗?

主管们常常紧急召集他的员工，向他们宣布公司上级的目标做了调整，公司出台了新政策影响到本部门目前的工作；公司外部的环境有重大变化，需要我们应对……伴随的结果是目标的终止。而把员工从原有目标中拉出来，是要付出力气的；更要命的是，经过几次反复，主管还敢不敢宣扬 MBO 是如此

之好······

　　正是这些弱点存在，高明的主管们在引入 MBO 前总要进行一番斟酌，而在推行 MBO 的每一环节时，他都保持足够的冷静与理智。

第 9 章

全面提升：授权的价值

如果一个管理者能利用一种最可行的用人的工具——有效授权，就可以减少受挫次数。授权如果运用得当，可以帮助管理者实施人本主义管理，还可以获得必要的效果，这是机能好的组织所需要的。

　　授权可以看作是管理者和雇员间的一种契约。这种契约规定双方达成一致协议：雇员的责任，雇员权力的范围，将获得的成果，授权过程中的跟踪系统。

——约瑟夫·P.坎基米

授权与企业变革：二次创业中的授权

里欧纳德·查雪尔曾说过这样一段话："一个事业的组织越庞大，授权制度的确立就越重要。你必须尽量减少管理工作中的个人因素，而使一切制度化。要使组织中的每一个成员都感觉自己是遵守规章去做独立判断，而绝不是任人指使的'跑腿的'。要达到这个目的，势必要做到'充分授权、分层负责'，各人有各人的工作职责，各人也有各人的工作职权，对自己的工作负责。"

许多的公司创立者或高层主管并没有意识到，当他的公司成长到足够大的时候，他的管理方式必须实现某种变革。最初，你的手下可能只有几个人，你的业务量可能很小，你对每一笔业务都很在意，因为它们对你至关重要，你会亲自关注有关它们的每一个细节。而且，你有足够的精力和时间来做这件事情。

你能充分地与你的下属交流、沟通，你为他们每个人设计了详尽的工作内容。你利用一切机会，在一切场合向他们宣讲："我们正在起步，我们要齐心协力。大家要不分彼此，把我们的每一件事情都做到最好。"

因为你的部门实力太微不足道，你时刻有一种危机感，一刻也不放松地关注下属所做的每一件事情。你要求下属完全按你的指示去行动，你没有想过让他们按自己的方式去处理一件哪怕是微小的事情。

一位曾经在多家大公司任高级职位的管理专家对我说："我从不怀疑一个公司能靠主管的智慧在短时期内创造奇迹；但我怀疑一个主管能不改变最初的管理方式，而保证公司持久的超常规发展。"

而事实对你来说，也确是如此。你的公司业务进展迅猛，又设立了许多新的部门，你频繁地向人才中心发函件，要求提供大量的新员工候选人……

你开始发现：

你似乎没有那么多精力去为下属的每一件工作做出详尽的安排与指导；

你的下属习惯于等待你的指示才会采取行动，而这使公司失去了许多机会；

不断有下属们的冲突要求你协调，这多半是关于责任的推诿；

你开始听到下属员工们的抱怨，对你的指示不再言听计从……

这时，正是你要反思的时刻，它标志着你的公司走到了一个发展的关口，何去何从，在于你的选择。

一个队伍，由十几个人扛着枪杆子上山打游击时，游击队长仅凭自己的机智安排便能成功偷袭敌人，用一支枪抢到另一支枪；而当这支队伍发展到上百人时，你必须学习正规军的作战谋略，你不再是游击队长，而是营长、团长、你的队伍有了更多更先进的枪杆子，但却有可能在与敌人的某次正面冲突中全军覆没！

你的公司同样如此。

如果不建立一套新的管理模式，更有效地激发下属自我负责的精神，充分地发挥他们的智慧与创造力，更有效地协调冲突与矛盾，你的公司将难于前行。

管理学家们称这样一个过程是企业的重建或者二次创业。

授权将成为你的公司完成二次创业的唯一选择，因为你绝不可能向每一个下属下达作战命令，并期望他们能灵活、主动地处理遇到的新情况。

授权与激励（一）：授权提供动力

"你认为授权下级是把不同的工作交给他们来做吗？"

如果你是一位公司主管，你将如何回答这个问题？

你会说"是的"，因为你不能找到什么否认的理由。

一个高明的主管也许会说："授权是给予员工完成更多工作的机会。"

想一想，这有什么不同。这会帮助你重新来看待授权这件事。

美国盖洛普曾公布一项调查结果：几乎四分之三的人都希望自己的工作有更大的意义。而"工作的意义"却常被主管们忽略。他们认为，给员工一份工作、保持工作的稳定、对表现出色的员工奖赏以优厚的待遇福利，就能保持他们持久的热情，来更好地完成将来的工作。

结果，却常常令主管们大惑不解，甚至大跌眼镜。公司人事主管早上到达办公室时，他发现办公桌上放着一份辞呈，它来自一位出色的项目经理。人事主管感到十分迷惑：他一直十分欣赏这位项目经理，以他年轻的资历，公司为他提供了十分优厚的薪水，他的工作对他的能力而言轻而易举，而公司正考虑提拔他，他将成为公司近五年来最年轻的中层主管……

人事主管约见这位辞职者，想知道他辞职的动因到底是什么。辞职的经理说："我不认为丰厚的薪水代表一切，我感觉不到我的工作是为什么，我只是模范地执行了上司告知我的每个工作细节，我不知道，这对我有什么意义……"

这正是一种难以理解却普遍存在的事实。

精于授权的主管们则深谙其中的奥秘：他们让员工参与管理自己需要完成的任务，而不是强迫他们完成。甚至当主管们对于任务的完成有一套详尽的计划时，除非确有必要，他们也会有意地保留而不说出来。他们了解员工们的真实需要：想做有意义的事情，想做重要的事，想做有用的人，想从工作中得到除了薪水之外的东西。而这些，确实能通过授权给他们。

授权与激励（二）：激励的经典描述

"最优秀的管理人员深知：下属的工作动力来自什么，然后设法激励他们，使下属尽可能地提高工作效率。这就要求管理人员在不同的时间、场合，对不同的员工采用不同的管理方式。"

"管理即激发热情。"

一位有效的授权管理者在授权之前会想一想：如何授权能更好地激励下属？

管理学家们对于激励的探索将在这里得到浓缩：

需求金字塔

亚伯拉罕·马斯洛（Abraham Maslow）对于人的需要做过透彻的分析，并把它们画在一个金字塔的阁子里：

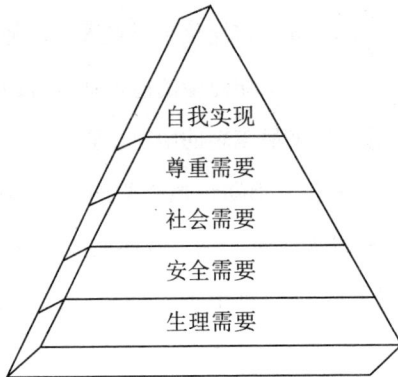

金字塔揭示的是：五个层次需求自下而上依次提高，在顶端代表的是自尊、自主、成就感、认同、成长与发展、发挥潜能、实现价值；低层次需要满足后即转向更高层次；某一层次得不到满足会转向另一层次寻求补偿。

人性：X？Y？

道格拉斯·麦格雷戈（Douglas McGregor）对于人性给出两种截然相反的假设：

X假设：

员工厌恶工作，尽可能地逃避它们；

员工厌恶责任，安于现状；

员工喜欢安逸，缺乏雄心。

Y假设：

员工热爱工作如同热爱娱乐；

员工自我控制，恰当地完成任务；

员工寻求责任；

员工具备正确决策的潜力。

显然，对人性假设有不同见解的人会采取十分不同的手段来激发员工的热情。

"没有不满意" ≠ "满意"

心理学家弗雷德里克·赫茨伯格（Frederick Herzberg）创造性地发现，员工们"没有不满意"与"满意"是不同的。有些因素只能保证前者，称为保健因素，而要得到后者，则需要另一些因素，称为激励因素。激励因素包括：成就、承认、工作本身、责任、晋升、成长与发展、实现。

与他人参照

J.斯达西·亚当斯（J.Stacey Adams）研究过这样一种现象：主管认为足够高的薪水同样引起下属的不满。他揭示出，员工对薪水的判断基于两个参照：一是对自己的薪水与付出的努力的参照；二是对自己的薪水和付出的比率与他人的薪水和他人的付出比率的参照。

期待的力量

维克托·弗鲁姆(Victor Vroom)对激励问题做了全面的诠释。他说，员工采取行动的动力来自这些盘算：他必须付出多大努力以实现某一工作的绩效水平？我真的能达到这一绩效水平吗？当我达到这样的绩效水平后能得到什么奖赏？这种奖赏在多大程度上是我想要的？正是这些问题的汇总使员工产生对目标的期待，只有当期待足够高时，才能产生采取行动的推动力量，其相应的图解的模型是：

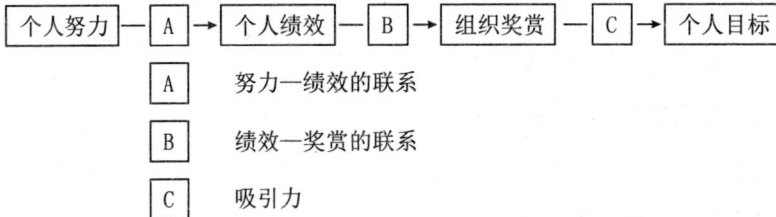

个人努力 — A → 个人绩效 — B → 组织奖赏 — C → 个人目标

A   努力—绩效的联系

B   绩效—奖赏的联系

C   吸引力

授权与激励（三）：员工都是"VIP"

一位日本主管这样评价美国的同行："他们过去一向忽略了他们的顾客，而今天，他们则忽略了自己的员工。"

授权的管理理念总在加深这样一种印象：组织可以满足个人的期望，并借此达到自己的需求，组织与个人是完全可能双赢的。

然而，不是所有的主管们都能认识到这一点。他们对于组织的使命有极为忠诚的态度，他们整日思考的几乎只有一个问题：如何实现组织的目标与使命。他们很少花时间去想员工们需要什么。有项调查访问了2000名员工与他们的主管，结果很让人吃惊：主管认为员工想要的与员工真正想要的，竟然刚好完全相反！对于主管来说，他们似乎有这样一种信念：组织不是员工的组合，组织是外在于员工的另一种东西。

勇于授权和善于授权的主管们却持相反的观点：组织不是一种神秘的东

西，它就是你与你天天见到的员工们的组合，没有员工的存在，组织是一种虚无之物，没有员工的参与，组织缺乏根本性的动力。

于是，他们总是肯于花时间去想：员工需要什么，他们怎样会乐意工作？

他们的一个重大发现是：员工都是"VIP"。

V: Validation 认可

·渴望得到认可，不仅来自同事，还来自自己的主管

·有决定做事方式的自由，并不被干涉

I: Information 资讯

·了解任务背景及意义，而不是简单的指令

·有权了解组织的全部使命

P: Participation 参与

·关心决定公司前途的事件，而这在以前只是主管们的事情

·有权决策

·与主管共同评价自己的工作业绩

·共同成长的气氛

有效的授权能把员工们所需要的给予员工，这就是授权的全部奥秘！

有效的授权会让员工：

·参与决策甚至独立决策

·自行决定做事的方式

·在工作中发展自我

·获取信息与帮助

·有表现的机会

托马斯·L. 奎克对于主管们如何通过授权激励下属的工作热情，给出了五条指南：

·告诉下属你希望他们做什么。清楚地阐述你的目标和标准，让他们知道你想叫他们做什么。

• 使工作有价值。尽可能地按下属的兴趣和爱好分配各种工作，这将有助于他们实现个人的目标，同时也达到了你的需求。

• 使工作切实可行，要保证下属们对自己的工作有确切的理解。

• 当下属按你的要求去尝试时，要及时提供给他们反馈信息。

• 当下属取得了你所期望的结果时，要给以奖励，要表扬他们，给予额外津贴，增加工资，扩大其职责，并使他们明白这所有的奖励来自他们的表现。

授权与团队（一）：抱团打天下的时代

日本的主管创造了管理的奇迹！连那些并不怎么喜欢他们的美国同行，也不得不暗暗称奇。

20 世纪 70 年代，美国的主管面对自己的公司喜忧参半，他们的公司在迅速成长，达到了他们从未有过的规模；然而面对如此庞杂的组织，他们多少感到难以招架。

与此同时，日本的主管正在推行他们的 TQM（全面质量管理）计划，为了顺利推广这一计划，他们采用一种称为"团队管理"的形式：

• 把全部下属分成小规模的团队

• 为团队设立目标

• 让工作团队决定实现目标的方式

• 为团队提供培训

• 谋求团队成员的合作

• 以团队为单位的绩效评估

• 奖赏团队

这种设立工作团队（Work Team）来达成组织目标的管理方式很快风行全球，在流行的管理学教科书上也占据着抢眼的位置。

管理学家们写道：

"这是一个英雄凋零的年代，我们应该谋求群策群力，共创事业。单打独斗容易被竞争的惊涛骇浪所吞噬，何妨开放襟怀，广结善缘，集合众智，突破难关，以团队方式，群策群力，迈向成功的巅峰！

"这是一个谋求团队合作的时代，独行侠的日子已经过去！人才问题，并不是由每个人有多大的能力来决定，而取决于能否把他们组合成一个集体，能否以总体的力量来取胜。只有团结一致，才能把伟大的事业和竞争引导到好结果上。"

采取团队式管理的主管们很容易为他们的行动找到充足的理由：

员工为了共同的目标而团结合作

主管们发现，当员工只关心个人目标的实现时，他们会有意无意地与别人的目标发生摩擦，这种摩擦引起的不愉快远比摩擦损失本身要糟得多；当员工为了团队成员的共同目标奋斗时，他们会主动谋求合作，它带来的效果是双重的，既减少了冲突的可能，又创造了愉快的工作氛围。

员工获得充分的参与

主管们发现，以前只是由他和他的下属中的领导者讨论的问题，现在广泛而深入地被普通员工们讨论着。当主管听到员工们得出的结论时，他暗暗地为他们的决断力感到惊讶，他知道，这是团队工作方式带给员工们的。

团队是自我管理的

主管把大部分的任务交给团队，团队在按一种特有的方式运转起来，主管就可以抽身出来思考一些战略性的问题了。

组织更能灵活应变

决策权不再高高在上，减省了许多烦琐的环节，团队根据环境变化灵活应对各种状况，主管们也发现，在对待某些工作问题上，团队显然经常比自己知道得要多。

授权与团队（二）：团队授权的技巧

当工作团队成为一种必需时，主管们不能孤立地面对单个员工，授权的对象由单个员工转为工作团队，授权的基本程序和技巧固然适用，但其中的微妙变化引起了习惯于向单个员工授权的主管们的关注。

按照授权的一般程序，一位公司主管在他的管理中大量引入了授权的方式，他现在已经不满足于只将那些"必须授权的工作"交给下属去做，他在想，能否把"可能授权的工作"甚至"最好由自己完成的工作"交派给下属，他相信下属能够同样做好，他也相信，授权的潜能远不止在于应对小的事件。

他开始采取行动，更大胆地授权下属，很快，他发现了问题的苗头：

下属充满热情地承担起工作任务，但往往很快陷入困境，因为工作任务的完成越来越多地需要别人的合作，而这显然以他的身份难以做到；他在组织中可能被孤立，在同级的员工中，他成为一个"特殊员工"，他与大家相处似乎不像以前那样融洽；他对于决策越来越不自信，因为他单凭个人的力量应对这样越来越重要的决策，似乎显得不适合。

主管敏锐地意识到了这一问题，也意识到了他公司的微妙变化。

几年前，他的公司规模远没有现在大，主管们下属的员工可能有五六人，而目前，主管们往往需要直接面对十三四名员工甚至更多；员工们也在发生变化，他们不希望像以前一样被隔在办公室的小阁子间里，他们渴望更多的交流、参与、合作。他们迫切地需要感到："我是属于一个小团队的"，而不仅仅是"我属于这个公司"。

主管开始尝试向团队授权，而不是向单个员工授权。他的行动步骤是：

·向员工全体提出挑战和目标，请员工组成工作团队来竞争这项工作，并产生准备接受这项挑战的团队。

·给团队时间，让他们研究提出关于目标的行动方案。主管在陈述目标的具体内容后，提醒团队成员积极参与协商，此后他便不再加以过多干涉。

· 与团队头目和成员讨论方案的可行性，并就任务完成的时间期限、标准、奖励制度达成共识。

· 让团队完成工作。

· 为团队提供信息、培训和帮助。

· 定期检查团队的工作业绩，并及时地反馈给他们。提醒他们朝目标迈进或给予热情的鼓励。

· 验收团队工作成果，对团队进行奖励。

· 与团队成员座谈：他们能从团队授权中得到什么？

在对团队进行授权之后，主管们还有另一个重大的发现，这个发现与授权一样的重要，对组织有着深远的意味。这个发现是：除非对团队实施授权，否则团队缺乏存在的意义。

主管们早已经知道"团队式管理"这个概念，他的公司或部门内也曾经有过暂时性甚至较稳定的"工作小组"，但对于这种"团队"到底有什么意义，主管们长期以来并未发现，他们甚至怀疑"团队管理"只是被时髦的管理学者们炒起的一个噱头。他实在看不出：几个员工一同完成一件任务，他们有着融洽的工作关系及私人关系，他们常聚在一起聊天谈心，甚至礼拜天一块儿去远足……这些果真能深刻地影响他们的工作，进而标志一种新的管理时代的到来吗？

事实上，团队式管理的真正奥妙在于以团队授权的形式，去开发团队的全部能量。

团队式管理和向团队授权带来的效能是两个层面的：

· 员工获得讲话和贡献才华智慧的舞台，他们的周密考虑与充分讨论使决策更加科学和及时，组织从中获益匪浅；

· 员工从参与中感到被尊重，他们感到工作是有意义的，员工由此获得满足感。

授权与团队（三）：组建有权、有效的团队

现在，着手组建你的工作团队，你对它们的要求是：团队是有权的，团队是有效的，团队因为有权而有效。

受到尊重的氛围

团队不是可有可无的，让团队意识到他们对组织来说是重要的；团队的每一位成员是受到尊重的，这来自主管，也来自成员彼此之间。

提供充分的信息

信息决定一个人的地位，决定团队的地位。要给团队提供有关公司战略、有关任务本身的信息，并保证这些信息被团队的每一位成员所接收。

自主决定做事的方式

不要干涉团队的行动方式，他们有权选择达成使命的途径，你只需要他们提供预期的成效。

有权学习

团队为了完成任务，有权获取学习的机会。组织要为他们的这种需要提供良好的支持。

有权获得奖赏

团队有权凭借出色的行动而得到回报，而且以团队成员认同的方式进行分配。他们为此受到激励。

团队组成之后，主管应对团队工作是否有效实施评估，有效的团队与无效的团队存在截然的差异：

有效团队特征	无效团队特征
共同确定目标	被动接受目标
充分表达的机会	单向的传达指令
重视参与	重视工作结果
民主享有权力	服从
共同决策	无权决策
共担责任	感知不到责任
鼓励争论	强调高度一致
人际融洽	以工作为本
自我衡量绩效	接受评估
鼓励创新	要求秩序
学习与发展	重输入，轻输入

授权与沟通

缺乏良好的沟通，会使授权陷入困境。

一个授权的主管发现，由于他要把一份工作委派给下属或下属组成的工作团队去完成，他必须更加清楚准确地告诉他们，自己想要什么样的结果；由于他不能确切地知道下属怎么做这件事，当下属向他汇报事情的进展，或叙述困难谋求帮助时，主管往往对抓住下属的真实意思感到困难；当他发现下属的工作可能存在某种问题而试图向他们传达时，下属经常会误解他的意思……

也许在授权之前，他给下属的只是很具体的工作，他不需要花费太多力气去向他们解释或倾听他们的谈话；而现在，他却常常不得不这样做。

"让员工听懂你的话，并接受你的话，否则管理是无效的。"管理专家们这样说。

即使在生活中，这样的案例也几乎比比皆是：两个人为一件事情争执不休，他们的声音越来越大，两个人开始变得面红耳赤，这场争执似乎永远不会有休止，他们各执一词，坚信自己是正确的，互不相让……你站在旁边却无比明白地意识到：他们谁也没有明白对方的真正意思，否则，争执可能根本不会发生。

管理学家说，沟通（communication）是意义的传递与理解。完美的沟通要达到的境界是：传达者的意义与接收者感知的意义完全一致。

完美的沟通可遇而不可求，高超的管理者能达到良好的沟通，即意义被较为准确地感知。

对于与下属沟通感到困难的主管来说，他可能存在这样的沟通障碍，当然这些障碍常常不是因为他们的技巧不足而存在：

沟通工具选择不当

沟通可能是口头的、文字的、非言语的、语调的甚至体态的，这可能造成主管与下属沟通方面的表达不清楚或误解。

科层制的阻碍

即使主管充分授权，极度民主和开明，并不是所有的下属都能消除与主管沟通时的惧怕、隔阂，这造成沟通的困难。

缺乏准备，用语含混

主管与员工习惯用自己的方式表达意图，而这常常造成对方的不解；沟通是让人知道你的意图，需要应用对方习惯的表达方式。

偏见

人们无法避免自己对事物的成见，这被心理学家们称为刻板印象，如果主管和员工对此没有意识的话，很可能导致沟通的失败。

情绪

切忌在愤怒、沮丧、过于兴奋时就工作的实质问题进行交流，这会影响真实意图的传递。

主观性推测

当主管看到下属的双手不住地整理领带，他会想：他一定是捅了什么娄子？是不是在隐瞒什么？明智的主管会把这种念头暂时放下，专注于"事情到底是怎样的"。

不会倾听

有人是个演说家却不是个好听众。从倾听中把握对方的意图是沟通的要诀。

主管们如何克服这些障碍，提高与下属沟通的质量呢？这些建议也许不妨一试：

学会倾听

在与下属沟通时，认真倾听下属所说的每一个字，但这并不是倾听的全部。倾听有四个基本的要求：专注，把握讲话者语言的细微之处；移情，从讲话者角度理解语言，而不是主动解释；接受，在听完对方的话之前，不急于做评判；把握全部，想透彻获得对方真实意图的愿望。

运用准确的语言

你的语言应是适合对方的，它应该是明确的而非含混的，准确的而非模糊的，具体的而非抽象的，简洁的而非繁冗的，平实的而非艰深的。

选择环境

选择适合的环境、时间、心态与下属沟通，不要让你或对方的情绪因素或外界因素干扰你们之间的交流。

双向沟通

在确信你的意图为下属所把握，你也已经把握了下属的意图之前，不要以为沟通已经完成。如果可能，重复对方的意图或让对方表述你的想法，这都是极好的沟通途径。

授权与企业升华：学习型组织再造

夏珊娜·札布芙在《聪明机器的时代》一书中写道：

"学习是新型的力量之源。它不再只是一个人进入社会之前，或在遥远的教室中才做的事……学习是生产性活动的心脏。"

彼得·圣吉在他的世界级管理学名著《第五项修炼》的序言中写道："在全球竞争的风潮之下，人们日益发觉21世纪成功的关键，与19世纪和20世纪成功的关键有很大的不同。在过去，低廉的天然资源是一个国家经济发展的关键，而传统的管理系统也是被设计用来开发这些资源。然而，这样的时代正离我们远去，发挥人们的创造力现在已经成为管理者努力的重心。"

新时代的主管们要谋求公司的生存与成长，道路只有一条：组织的学习型再造。

"学习型组织"对于许多主管来说是陌生而新奇的，但它却并不神秘。学习型组织是指这样的组织：

- 人的创造力成为组织的首要资源
- 学习是组织前进的唯一动力
- 组织成员以学习凝聚在一起

- 员工为超越自我而工作
- 组织高度开放，成员充分地表达意见
- 共同远景将组织成员凝聚在一起
- 员工在团队中充分参与，团队在学习中成长
- 无止境地学习
- 组织成为互相支持的学习系统

主管们想要建立这样的组织，达到这种境界，就必须从授权开始。授权使学习型组织的再造成为可能，是学习型组织再造的必经之途。为了塑造学习型组织，授权的主管们面临这些转变：

建立共同远景

让员工看到他们想要达到的前景，使大家团结一致，引导全体成员达成共同愿望。

由教师转向学习者

主管不再是自认的全能者，而在于给予员工指导。主管检讨自己所知，更检讨已所不知，对学习抱有热忱。

重过程，不仅重内容与结果

工作的完成具有超出本身的含义，工作完成的过程带来更有价值的东西，主管不局限于功利的结果，而应谋求通过过程学习。

由监督转为推动

主管不再从控制和掌握权力中获得满足，他是组织前进与员工成长的推动者。

扩散而非搜集资讯

主管把资讯提供给成员以帮助他们决策，而不是收集起来为己所用。

融入感情

主管不是靠技术来管理员工，他与员工建立一种为共同愿景奋斗的合作关系，为员工发展与组织成长融入感情。

授权是怎样引导员工走向学习，从而引导组织达成学习型改造的呢？

授权为员工提供的是机会、动力和制度的安排：

• 授权于团队，员工参与决策的制定，充分地交流，为谋求应对挑战，主动学习；

• 员工多样化，不同组合实现知识的互补、个人心智模式之完善；

• 员工感受更大的责任，角色得以扩展；

• 工作丰富化，工作生活质量提高；

• 员工深入了解团队和组织的使命；

• 员工因为被尊重与信任而更加融入组织。

透视：授权带给组织什么？

授权的列车终于带着主管们驶进了辉煌的境界，现在，我们终于可以稍带欣慰地坐下来思考这样一个问题：授权到底给组织带来了什么？

这个问题一直萦绕在我们的耳畔，时而让我们满怀期待，时而让我们怀疑，时而又让我们兴奋……

严格地说，授权不代表一种做事的方式，甚至极端地说，授权不是为了完成一项工作。授权是在揭示一种转变，这种转变，对于组织的运作模式，对于组织氛围、理念与文化，对于员工和主管们的角色来说，是革命性的。

主管们在对比授权前后的组织时，他们也许会发现，变化已经发生，这些变化多少是令他们欣慰和欣喜的。

员工

　　员工们不再只是觉得应该把本身的工作做好，他们觉得有责任贡献他们的心力与智慧，并以最完美的方式解决问题；他们不满足于解决问题，而更关心从中学习到了什么，这种收获会帮助他们将以后的每一件事情做好，这种感觉让他们对未来充满期待。

团队

　　员工们建立起彼此之间的新的关系：大家彼此是伙伴，为一个共同的愿景而奋斗；每个人不是只觉得要对自己的工作负责，更感觉到自己属于全体，是团队的一分子。工作团队不只是要求的反应器，为完成某项具体工作而设立，而是行动的发起者；员工不再是被动的跟从者，而是决策者；每个人都觉得自己在不断地学习、培养新的技能，准备担当新的工作需求。

组织

　　主管们发现，授权之后工作的实质内容增加了；一项工作所需的技能和时间增加了；员工充分发挥创造力；决策更加科学、灵活地面对复杂的环境，任务常获得完美的结果；业绩在攀升；组织的公众形象改善，顾客感到满意。

　　除了这些总体上的感受，主管们还发现，有效的授权深刻影响了自己和下属们的工作方式、态度和绩效：

　　•主管们开始有时间思考战略、高层决策，成为真正的"管理者"。管理学家们通过精确计算发现，上层主管授权范围应占其面临工作的60%~85%，中层主管应占50%~75%，下层主管应占35%~55%。

　　•授权是一种高效率的在职训练，以"边做边学"的方式使他的下属迅速地成长，积累起经验与技能，使其获得充裕的干部储备。

　　•授权增进了下属的归属感。主管和下属更充分地交流与沟通，就如霍桑实验所揭示的一样，他们感到自己属于组织。团队的方式更使这种归属感得以强化。

· 授权增进了下属工作的满意度，工作不再是单调的，而应包含丰富的、多样化的内容和责任，这使员工获得满足。

· 授权给下属的想象力打开一个宽阔的空间，下属们拥有梦想，并拥有实现梦想的机会。

· 授权使上下级关系得以改进，下属们感到他们与主管是平等的，而这又不会影响他们对于主管权威的遵从。

· 授权使员工工作绩效和主管管理效率提高，主管与下属组成团队，显出巨大的潜力。

第 10 章

树立权威：让授权成为一门艺术

高明的授权不是一项技术，或者说不仅是一项技术，它更是一门管理的艺术；它需要主管们用知识、理论，更需要他们用才情、领悟力、激情甚至勇气去把握。

——佚名

授权第一定理：信任

· ·

AA 公司的员工们感到他们的主管和公司在发生着某种变化，在变化之初，他们曾经很是迷惑，甚至有些不太习惯。

AA 公司属于那种一切都很平常的公司，员工们领着一份不算丰厚，但也说得过去的薪水，做着不很轻松，但也没什么压力的工作，一切都平平淡淡，员工们也似乎并没有什么期望去发生大的改变或做出什么更有意义的事情。也许他们曾经有过这种念头，但现在，这种念头已经很微弱了。

一天，主管召集员工们开会，他向大家宣布：公司将进行改革，我们检讨，公司以前并没有给予大家充分的信任与空间，而我们即将采取的改变正涉及此事。公司相信每一位员工都有独立完成工作的愿望和能力，而不是接受一份十分具体的任务。我们要求主管们做的，正是由后一种分派任务的方式转向前一种放手让大家独立探索解决问题的方式。

员工们清清楚楚地听见了主管的每一句话每一个单词，尽管他们表面上还是那么无动于衷，内心的澎湃却难以掩饰。但是，他们仍在犹豫：真的会这样吗？

此后，主管们在向他们分派工作时，不再说"只要照着我告诉你的话去做就可以了"，而是在告诉他们"事情是什么"之后就不再过问，只是约定每两周的周五下午，员工团队的小头目应该来谈一下事情的进展。

一开始，员工们并不敢按自己的意图去做，因为，以前不是这样的，他们甚至感到有些手足无措。

最初的几次，员工们犹犹豫豫地敲开主管办公室的门，就一件工作的细节问题向主管请示，主管总是微笑着说："我相信你自己能解决它，做出最好的选择。""让你的工作小组来讨论决定吧，相信大家能得出完美的结果。"

员工走出主管办公室的门时，内心有一种激动，他感受到了信任，而这种感觉无疑让人产生动力；他感受到了挑战，这让他有一种冲动，需要把这件工作做到最好，来回报主管的这份信任。这时，员工们才发现，长期以来在公司里，他们总是感觉少了些什么，以前，他们总不知道到底少了什么，而现在，他们找到了，那就是：信任。而在此之前，他们隐隐约约一直在渴望的，也正是这样一种感觉。

对于高明的授权者来说，这无疑是第一要诀。对你来说，你要真正从内心相信员工们是能做好这件事的，你要把整个事情托付给对方，同时交付足够的权力让他做必要的决定。

授权又附有控制，往往导致失败，因为这会揭露你的"信任"只是表面的，这会伤害下属的尊严，妨害你们的感情。例如，如果你要下属去印一本小册子，你就不必再交代一些有关形式、封面，以及附图说明等详细意见，而让他自己去选择，相信他会把工作做得很好，而他也会感激于你的信任。

"经营之神"松下幸之助说过："最成功的统御管理是让人乐于拼命而无怨无悔。"

这显然不是靠科层制，不是靠强制，而只能靠信任。

柯维对于"充分信任型的授权"做过精彩的描述："充分信任型的授权，才是有效的管理之道。这种方式注重的是结果，不是过程。受权者可自行决定如何完成任务，并对结果负责。"

充分信任型授权中双方必须对以下事项达成默契与共识：

预期的成果：管理与被管理的一方须对预期的结果与时限进行沟通，宁可多花时间讨论，确定彼此认知无误。讨论重点在成果，不在手段。

应守的规范：授权有一定的限度，所以必须加以规范，但切忌太多，以免掣肘。然而也不可过度放任，以免违背了原则，对可能出现的难题与障碍，应事先告知对方，避免无谓的摸索。

可用的资源：确定对方可用之人力、物力、财务、技术或其他资源。

责任的归属：约定考评的标准及次数。

明确的奖惩：依据考评结果订立赏罚，包括金钱报酬、精神奖励与职务调整等等。

寻求授权平衡点

授权的实际实施者们常常发现授权的教科书是没用的：他无法从中读到到底如何授权给下属，从而保持主管与下属的平衡。

凯基说过："在实际的授权过程中，授权过度相当于主管放弃权力；然而授权不足，使主管自己负担过重，让部属处在无所事事和事事请示的状况中，造成主管领导的无能。"

寻求"授权适度"的平衡点是授权的最大难题。然而，这能求助于授权的教科书来揭示它的奥妙吗？

授权平衡点不是魔术师的箱子，一旦我们亲自打开它，谜底和神秘之处便显露无遗。平衡点正是要求高明的主管去用心把握的艺术。

授权无疑会造成失去部分的控制权，没有哪个组织会把授权推行到使企业濒临崩溃和阻碍目标完成的程度。如果主管们要避免组织涣散，必须在事关重大的政策中实行有选择的集中权力。

集权和授权平衡妥善的公司可能是在最高主管部门对下述事务实行集中决策的：财务、总利润目标及预算、重大设备及其他资本支出、重要的新产品方案、主要销售战略、重要的人事调整、员工培养与报偿等。

寻求合适的授权平衡点是艾尔弗雷德·斯隆（Acfred Sloan）管理通用汽车公司期间取得的最伟大成就之一。虽然他不断鼓吹并实践着权力下放，但他和他的最高层管理班子认识到不能给予各员工和部门完全自由的权力。主管们始终把那些事关公司巩固与成功的重大决策权牢牢握在手中。这成为通用公司的一个传统。

而一旦公司高层就主要决策和方案选择做出决定，无数涉及执行这些决策的决定，都被充分地授权给下属部门和员工团队去完成了。正是这种形式，维系着公司在如此大规模下的运转。

授权平衡点的存在源于这样一个事实：授权是不完善的。授权平衡点代表授权在授权的优势与缺陷之间的一种选择。

授权的优势：

· 减轻主管，尤其是高层主管们的决策负担

· 鼓励员工承担责任

· 给员工更大的自主性与独立性

· 建立有效的控制机制，保证员工发挥积极性

· 培养员工

· 市场导向与顾客满意

· 更灵活地决策以应付外界环境的变化

授权的缺陷：

· 统一政策的制定可能更加困难

· 命令的贯彻效率有时受到妨害

· 协调与沟通难度加大

· 部分权力失控

· 控制技术可能不足

· 员工中合格受权者不足

· 培训员工的大量费用

·可能得不到某些业务的规模经济好处

做一个宽容的主管

"如果下属不会捅出娄子的话，我是很乐意授权给他们的。"一位主管坦然承认。

许多主管的内心或许都有这样的想法，只是觉得不应该说出口。而正是这种想法，阻碍他们更有效地授权。

真正的授权要求主管的事件有二：一是气魄，二是宽容。

土光敏夫是位很有气魄的管理者，他在每次授权给下属时，总习惯说的一句话是："别怕什么失败，充分行使你们的职权吧！全部责任由我来负！"

托洛·沃特林说："管理者必须善于与他人合作，有些工作应该委托给下属去完成，如果不给他们压担子，他们就不会有所发展。委托并不意味着放弃自己的责任，要定期听取他们的汇报。不要怕你的下属犯错误，要准备自己承担错误的责任，但又要防止他们犯真正危险的错误。"

担心下属做错事的主管，内心所真正担心的恐怕不是下属做错事本身，而是下属做错事可能给他带来的不利影响。这样的主管一方面对下属缺乏信心，另一方面又不愿为下属负责，办法只能有一个：回到授权之前，有如唱独角戏一样凡事皆亲力亲为。

主管们应该明白，下属犯错误是难以避免的，尤其是在授权之初。主管们应该想一想，自己不同样会做错事的吗？而且，通常下属们所犯的错误带来的损失没有你的错误代价大，作为主管有什么理由对下属求全责备呢？

下属犯错误，肯定是有原因的，光揽责任是不行的，还要共同查找原因，寻求出路，这是你为下属设置的"台阶"。因为你这样地帮助、理解、关心下属，而不是训斥、责备和怪罪他，一个聪明的下属一定会对你心存感激，觉得你是真正信任他的，是与下属"同呼吸，共命运"的好主管，因而会更加自责自惭，会下定决心，努力把工作干得更好、更出色，以报答你的"厚爱"。

这就是宽容的力量。

高明的主管会在授权之前对被授权下属可能出现的错误有心理准备并能够接纳。错误一旦发生，则视之为需要对下属进一步训练的信号，这对于授权来说，是一种挑战而非威胁！

授权是一种在职训练，主管不能因怕下属做错事而不予训练，反而应更充分地提供训练的机会，因为做错事正是下属有所进益的绝佳时机。这次的错误很可能会避免下次做错事，从而承担更大的责任。

但是，一个宽容的主管绝不是一个好好先生，小心谨慎地避免批评下属；恰恰相反，他往往是一个深谙批评之道的主管。

• 高明的批评者必须显示纯正的动机，并让下属感受到它。这也许是一个恰当的说法："杰克，这件事的结果不够理想，让我们一同来找一下原因，我不希望下次还出现这样的错误。"

• 选择批评的时机。在心平气和的时候进行批评。

• 使用具体的事实做例子。"鲍勃，你的报告，比预先的进度慢了两天"显然要比"鲍勃，你工作不力"好得多。

• 从赞美入手。高明的主管从来不吝于赞美，他先寻找下属的成绩，而后转入批评，这样，批评被接受的可能性会更高。

• 引导能力、经验增加。批评并不批评其全部，批评是为了进步，高明的主管不会在批评中发泄不满、愤怒，而会提出建设性的改进意见。

授权：该做什么，不该做什么？

一个真正精于授权的主管应是这样的主管：他不仅知道该做什么，还知道不该做什么，甚至会为后者投入更大的精力，因为后者往往揭示出授权的微妙之处。

授权该做和不该做的事情

授权该做的事情	授权不该做的事情
尽可能简单而直接地授权； 说明每种授权如何适应组织目标； 共同建立绩效标准； 阐述期望的效果； 预料员工可能要提的问题，并依次回答； 讨论可能重复发生的问题； 拟定员工如何做该项工作的设想； 正面引导而不消极批评，要支持工作，表现出信任感； 充分肯定优秀的业绩； 信守诺言。	不要威胁下属，有效的授权取决于领导艺术而不是职位权力； 不要摆出恩赐的态度； 不要仅给答案，要为员工示范如何做和讲清为什么这样做； 不要对问题过于敏感； 不要在其他人面前批评员工； 避免不断地检查工作进展情况。

如何使工作有意义（一）

一个授权的主管可能会为这种事情伤神：他把一件自己认为重要的工作交给下属去完成，他原以为下属会被这种授权激发起来，而事实却多少让他感到失望：下属们似乎并不认为这很重要，他们将工作领去了，以一种你无法责备的热心和速度去完成，眼看期限将至，他们尚在慢条斯理地做，根本就无视期限的存在。而这时或者由于你没有其他合适的下属，或者由于你没有充足理由终止他们目前的进展，你只是在心里感到无比地着急。

你弄不明白的是：为什么把这么重要的事授权给下属，仍然激发不起他们的热情呢？

主管们首先应当问问自己。

管理心理学家们研究表明：员工做一件工作的动力与他们对这件工作的意义的认识存在高度的正向相关性。只有他们认为工作是有意义的，他们才会主动地为它尽心尽力。

毫无疑问，作为主管，你认为这件事是确实重要的，你付出了勇气才怀着真实的诚意把它交给下属去做。

但问题在于，你确切地把工作的意义向他们点明了吗？

看看你在向他们授权时是怎么说的："这项任务很重要，关系到公司的全局，希望你们能抓紧制订方案，务必于5月1日前把它出色地完成。"

你认为这已经足够了。而实际上，任何一个交派工作的主管在交派任何一项工作时，几乎都会这样说，即使他内心并非完全这样认为。而下属们对此已经心知肚明，甚至他们视之为一种并不十分友好的欺骗。

你需要以最恰当的方式点明工作的意义。既然你已经授权，毫无疑问，下属在这件事情上已经成为主管或主管的一部分，他们对此负有责任与职权。他们有权力了解事情的全部背景，这项工作是怎样有意义的，它在公司的战略中占据什么位置；在此之前，组织采取过什么行动，这项工作将为后面的行动提供怎样的前提；为什么最后期限是在5月1日而不是5月15日，如果推延会怎样妨害公司使命的达成；下属们怎样在公司战略中占据一个必不可缺的环节；全公司在怎样期待着他们出色地完成任务；而他们本人、团队又会从工作中学习到什么、如何去学习……

你并不能期望员工们对于工作意义抱有始终如一的重视，因为他们毕竟不是主管，你的职责便是在适当的时刻提醒他们工作的意义。

"你晓得这件工作的意义吗？"

"对现状有什么解决的办法吗？"

你向下属发问，能顺口说出答案的部属是很少的，如果有的话，那就是你的幸运了。多半下属给你的答案，是很难令人满意的，充满错误与无知，这是很普遍的现象。

追问部属，便会得知他对工作意义的理解及能力，经由这些认识，对下属分别加以指导点拨，这是教育下属最好的方法，更对授权工作的完成提供源源不断的动力。

彼得斯·沃特曼曾说道："优秀的公司不仅为员工的工作付出金钱，而且给他们的工作和生活增添意义，使他们觉得生活很充实、很丰富，使他们具有使命感。每一个员工都是探索者、改革者、领导者。公司为员工提供信息，创造工作兴趣；员工们感到自己是某种最美好、最优秀事物的一部分。他们生产的是质地优良的产品，其价值得到普遍承认和赞赏。在这种情况下，广大员工能最大限度地发挥聪明才智和干劲、热情。"

如何使工作有意义（二）

"因为工作对公司是有意义的，员工就会尽力而为"，这个定理成立吗？很遗憾，它往往被证明是幼稚的。

对于一个员工来说，他对工作意义的判断远不只取决于"工作对公司来说是怎样的"，他也许更关心"工作对我来说是怎样的"。

主管可以把一件自认为重要而有意义的工作交给下属去完成，但没有理由要求员工一定会竭尽全力去完成它。员工有自己的判断，只有他们认定"这件工作对我个人有意义"时，他们的潜能才被充分地发挥出来。

对于授权的主管来说，这意味着：你要知道员工想要什么样的工作，然后根据不同的员工分配不同的工作，或在工作中加入员工想要的因素，这样将形成"工作对我有意义"的效果，这也是授权成功的一个技巧。

那么，员工想要的工作是什么样的呢？

自己喜欢的工作

"做自己没有兴趣的事是一种折磨。"

"兴趣是最好的老师。"

对于管理来说，兴趣是效率最高而又最经济的加油器。80%的员工们都会说："假如给我做自己喜欢的工作，工作效率一定可以提高。"

主管们应该知道哪类员工想做哪类事，不要让内向的员工去做公关，也不要让难以片刻安定的员工去做会计。

能带来高回报的工作

"高报偿高动力。"所以我们没有任何理由鄙视金钱，即使金钱不能带给你全部，这并不说明金钱与幸福无关。员工期望从工作中获得高的回报丝毫没有值得责备的。如果授权给下属只意味着责任，而没有回报的话，不要对绩效期望太高。

带来升迁的工作

我曾问 200 位 25 岁以下的职员："你想不想成为管理者？"有 57% 的人回答想成为。

我又问："你希望升到哪一级别？"三种阶层的人做出以下回答：

普通低级职员中半数想当处长，25% 想当科长，25% 想当股长；普通中级职员想做科长及处长各占一半；普通职员中老资格者，90% 想当处长，10% 想当科长。

当把工作委派给下属时，你应不失时机地暗示他们："这是一个表现的舞台，希望你让大家有目共睹。"

发挥专长的工作

并不是所有的主管都了解下属各有什么专长，而这对于授权的成功与否至关重要。

你的下属就能力而言，可能有高低之分，但了解他们在能力上的差别可能更有意义。不要小瞧任何一位员工，他可能身怀绝技，在你遇到某些困难时挽袖出手，常能出奇制胜。

丰富多变的工作

除某些人外，没有员工喜欢单调乏味的工作。把员工当成螺丝钉的时代也已经一去不返，必须把你的工作安排得丰富多变，才会有足够的吸引力。授权给下属的不应是十分狭窄而具体的事务，应包含相当宽泛的内容与跨度。应该为员工提供转换、交流的机会，增进工作、生活质量（WLQ）。

能学习、成长与发展的工作

年轻人，甚至中年人、老年人越来越重视学习了，"学习型组织""学习型人才"成为他们的口头禅。他们在你的公司打工，甚至可能只有一个目的：学习。为此，他们能忍受低的薪水、高的工作压力，因为他们对未来抱着期望，随时准备充实自己，跃入自己梦想的领域开创新事业。

当委派给下属工作时，告诉他们，这其中有什么值得学习的东西，如何去学习，公司会为他们提供什么方便等等，这无疑使他们对未来的工作充满期待与兴趣。

忌虚假授权

老板把当月的生产计划交给了生产部经理杰克，并说明由他全权负责生产计划的实施。人员的调配、原料的供给以及机器的使用全部由杰克来指挥。杰克受领任务后，很快根据生产计划掌握的人员、机器情况，做适当的安排，工作有条不紊地开展起来。

一周过去了，老板来检查工作，发现本周的产量已达到计划产量的30%，于是便把杰克叫来，责怪说："你是怎么搞的？把一周的产量定得这么高，工人过度劳累怎么办，机器磨损过度又怎么办？"

在第二个周末的工作汇报会上，老板发现本周产量较上周下降了20%，又埋怨说："杰克你是怎么搞的，本周的产量怎么下降了这么多？你要加强管理，否则计划要完不成了。"

这样一来，杰克真是不知所措了。本来他满心欢喜，以为老板让他全权负责组织生产计划的实施，他自己也成竹在胸。可自从受了两次批评后，他不禁怀疑老板是不是真的让他负责，他感到自己是有名无实，根本做不了主。还是稳妥点好，于是从第三周起，他不再自己负责，而是请示老板应该如何安排生产。

或许，杰克的老板并不是有意插手部属的工作，而只是出于善意的督促，或者只是出于一种习惯和责任感；而对于部属来说，感觉却是老板根本无意于授权给他。

这种授权对部属来说是一种虚假授权，它非但不能取得好的效果，还往往会适得其反。

国外管理界有句行话："有责无权活地狱。"

美国前总统罗斯福有一句名言："一个最佳的领导者，是一位知人善任者，而在下属甘心从事于其职守时，领导者要有自我约束的力量，而不可插手干涉他们。"

中国古代《贞观政要》卷五中，记载了齐桓公与管仲的一段对话。齐桓公向管仲请教如何预防有害于霸业的行为，管仲回答说："不能知人，害霸也；知不能任，害霸也；任不能信，害霸也；既信而又使小人参之，害霸也。"这才是帅者风格的领导者。

管理学家大卫·拜伦甚至说：

"我在管理工作上，一直谨守着两句格言：一是'绝不让自己超量工作'，二是'授权他人然后就完全忘掉这回事，绝不去干涉'。最好的方式是告诉员工，他的工作性质、职权、责任、升迁标准是什么等等，他清楚自己的工作之后，便放手让他自己去做。这便是'授权并遗忘'。"

"授权并遗忘"或许是极端强调放手的一种说法，但对于一个决心授权的主管来说，切忌虚假授权，不要让授权伤害你和你的部属，却是一条重要的启示。

防止逆向授权

"授权是由主管指向下属的吗？"

主管们从来不曾怀疑这一点，尽管授权的教科书不厌其烦地告诉人们："授权是主管和部属的互动，是一种'团队游戏'"。但这并不能改变一个事实：授权标志着主管将自己手中的权力部分地下移传授到部属手中。

真正令人奇怪的是，主管有时会成为下属们"授权"的对象。主管把适合下属能力和职责的任务，连同完成这项任务所需要的权威一齐给予下属。但下属在冷不防的一个时刻，又把球踢给了主管，而主管却未必意识到这一点，结果，还是自己做了这项工作。

这就是某些下属自觉或不自觉地玩的一种把戏：逆向授权。

这种情形，你或许并不陌生：

一位主管正经过走廊，看到他的一名下属从走廊另一头走过来。下属向主管打招呼说："您好，我们碰到一个问题，您看该怎么办？"

下属开始详细地说明这个问题。最后，主管说："谢谢你告诉我这些情况。我现在很忙，我要想一下再给你答复。"然后两个人分开了。

让我们来看一下吧。在主管与他的下属遇见之前，"猴子"是背在下属背上的。分开以后，"猴子"却移到了主管背上，下属成功地施行了"逆向授权"，现在该由可怜的主管亲自来照顾这个棘手的"小猴子"了。而他自己，却可能并未意识到这一点。

有些主管成天手忙脚乱，他的办公室里总是排满了向他请示工作的人，这些人是他属下各个部门的头头，他们把本该由他们自己去做决定的事一股脑儿都推到了主管头上。而这位主管在逐一替他们做决定、拍板时，非但没意识到他是在替他的下属工作，反而可能还沾沾自喜，沉迷于受到尊重的美妙感觉之中。

下属们的"逆向授权"即使不是故意所为，也是潜意识的产物。他们这么做或是为了减轻自己的工作负担，或是为了绕过难题，或是为了逃避责任，或者纯粹是工作的惯性，还没有授权带来的工作的变化。

当然不能排除员工故意作恶的嫌疑。人们总是难以避免遭到利用，譬如说，当一件重要的工作急着要完成时，即使人们不愿帮助那个拖延工作的人，但最终还会去帮着他做的。正是人们的这一弱点，给"逆向授权"以可乘之机。

高明的主管们不会允许这种事情发生，更不会纵容下属这种不负责任的行为。

主管们最可利用的技巧在于把球巧妙地踢回去，把这只麻烦的"猴子"立刻掷还给下属。当下属请示该怎么办时，他会说："你认为可能的办法有哪些呢？""你觉得哪一个办法更好些，能说一下理由吗？"这只"猴子"便乖乖地爬回了下属的背上。

记住，你是主管，你总是能采取主动的。

然后，在某个适合的场合，主管们会重提这件事，他会或明或暗地告诉他的下属们："不要试图逃避责任，如果事事都要由我自己来决定，你们根本没有在这里的必要了。"

树立权威的艺术

授权会削弱主管的权威吗？

主管们不愿意坦然地接纳授权，很多是出于权威削弱的担忧。给下属更多的表现机会，会不会"功高盖主"，大权旁落呢？

简单地责怪主管们的心胸狭窄是过于幼稚的。正如我们无法期待自己和下属都是品性完美的人一样，我们不应否认会有下属因为出色的表现而洋洋自得，蔑视上司的现象。

尤其对于控制技能不怎么高明的主管来说，授权之后，他常常会听到这种小声的嘀咕：

"如果早给我机会，我早就不是这个职位的员工了。"

"我的上司其实根本没我能力强，我只是没有机会罢了。"

他们也许在大部分时间里会像以前那样尊重你，但从他们的言行之中，你能敏锐地感到一种受轻视的危机和刺痛。

这种感觉比任何工作的压力，都更难以让人接受。

尤其是有一天，他们甚至敢于当面顶撞你，在你们共同的上司面前争抢表功时，你迫切地感到：要树立权威。

100多年以前，恩格斯在著名的《论权威》一文中，通过对工厂、铁路、航海的实践分析，令人信服地提出："这样，我们看到，一方面是一定的权威，不管它是怎样造成的，另一方面是一定的服从，这两者，不管社会组织怎样，在产品的生产和流通赖以进行的物质条件下，都是我们所必需的。"

革命导师的论述，历经百年沧桑，依然闪烁真理的光芒。

树立权威的途径有三种：

观念塑造

主管应该懂得利用员工的心理因素来树立权威。不论组织层次如何扁平化，主管与员工的差别始终是存在的，主管并不必谋求抹杀这种差别，反而应利用这种差别，与员工保持适当的距离，借助于心理距离来增加员工对你的权威的认同。

职权推动

授权的重要原则是有授出有保留，保留在主管手中的职权往往是权力的核心，高明的主管会充分利用职权来推动权威的树立。当然这绝不是说以员工利益相要挟，那样做，结果只会逐步丧失威信，众叛亲离，成为孤家寡人。

自身魅力

诸葛亮七擒孟获致使桀骜不驯的孟获俯首归顺的故事告诉我们，职权能征服人，但不能征服人心，而作为领导者只有博学多才、品行端正，方能超群服众，征服人心。对于树立权威来说，最深远的力量来自于主管自身的魅力。在授权之中，主管知人善任、恰当地点明工作要点、给予高明的指导、充分地信任、宽容下属的失误、提供适当的帮助、热情地赞美下属的成功、信守诺言……这无疑是主管树立权威的最佳途径。

罗杰·福尔克说："管理人员非常珍贵的内在素质，归结到一点，就是个性。个性能为个人的才干增添无比的光彩，因为它可以为勇气、想象力和探险精神的发扬开辟光明的前景。"

松下幸之助也说过："我认为以德服人才是最重要的。领导者具有令他人仰慕之德，才能产生领导者应有的权威及其他各种力量。"

因此，领导者必须努力提高自己的美德。一面培养行动的力量，一面具有感化反对者、敌对者的美德。要能够时时了解对方的心境，更不可有一刻忘记自我的修养。

迎接辉煌：拒绝迷信，立即行动

我们的授权列车即将结束它愉快而美妙的旅行，但一切，刚刚开始。

我曾接触过许许多多主管，他们有的成功，有的却不那么成功，他们对于授权的理解已远远地超出了任何一本教科书的叙述和管理专家的教导。他们的实践总在给我这样一个昭示：授权是对大多数从事实际工作的主管们来说十分重要的管理艺术。但它远不是一张江湖医生的秘方，对于糟糕的管理来说，它包含着改善的可能性，但在授权与管理成功之间，还有着漫长的道路。甚至，授权还往往包含着重大的代价和危险，正如我们在书中精心提示您的那样。

而这正是许多主管们未曾认识到的，也是他们的授权没有达到最理想效果的重要原因。

不要迷信任何管理技巧，重要的是行动！

德鲁克说："管理者是实干家，不是也不应是哲学家，他们能够把得知的事立即付诸行动。如果只把得知的事留在脑际活动，这不是实行，而得知的事也只是'情报'，绝不会成为'管理知识'。"

一张地图，无论它多么详细，比例尺有多么精密，也不能带它的主人在地面上移开一寸。一本法律手册，不论它有多么公正，也不能预防罪恶的发生。一个成功原则，也不会突然就赚来钱。只有行动，才是起点，才能使我们的梦想、我们的计划、我们的目标成为一股活动的力量。行动，才是促进我们成功的基石。

爱迪生说："成功属于实干的人。"

马萨森说："我们获胜，不是靠辉煌的方式，而是靠不断的努力。"

歌德说："无论你会做什么，或幻想你会做什么，立刻做吧。勇气有天才、力量和魔力，现在就开始行动吧。"